应用型本科毕业论文（设计）育人机制创新

寇尚乾 / 著

四川大学出版社

图书在版编目（CIP）数据

应用型本科毕业论文（设计）育人机制创新 / 寇尚乾著. —成都：四川大学出版社，2023.10
ISBN 978-7-5690-6390-5

Ⅰ.①应… Ⅱ.①寇… Ⅲ.①毕业论文－写作－教学研究－高等学校 Ⅳ.①G642.477

中国国家版本馆 CIP 数据核字（2023）第 195574 号

书　　名：	应用型本科毕业论文（设计）育人机制创新
	Yingyongxing Benke Biye Lunwen (Sheji) Yuren Jizhi Chuangxin
著　　者：	寇尚乾

选题策划：	曾　鑫
责任编辑：	曾　鑫
责任校对：	蒋姗姗
装帧设计：	墨创文化
责任印制：	王　炜

出版发行：	四川大学出版社有限责任公司
	地址：成都市一环路南一段24号（610065）
	电话：（028）85408311（发行部）、85400276（总编室）
	电子邮箱：scupress@vip.163.com
	网址：https://press.scu.edu.cn
印前制作：	四川胜翔数码印务设计有限公司
印刷装订：	四川五洲彩印有限责任公司

成品尺寸：	170 mm×240 mm
印　　张：	11
字　　数：	210千字

版　　次：	2023年12月 第1版
印　　次：	2023年12月 第1次印刷
定　　价：	59.00元

本社图书如有印装质量问题，请联系发行部调换

版权所有 ◆ 侵权必究

扫码获取数字资源

四川大学出版社微信公众号

前　言

党的二十大报告指出，教育、科技、人才是全面建设社会主义现代化国家的基础性、战略性支撑。培养什么人、怎样培养人、为谁培养人是教育的根本问题。育人的根本在于立德。高校应该全面贯彻党的教育方针，落实立德树人根本任务，培养德智体美劳全面发展的社会主义建设者和接班人。

立德树人是高等教育的重要使命与根本任务，高等学校不仅要培养专业基础扎实、能够适应经济社会发展要求、胜任岗位工作的行业"专才"，而且要培养思想进步、政治优良、明辨是非、顺应社会发展规律与时代潮流的社会"通才"，要培养拥护中国共产党领导和我国社会主义制度、立志为中国特色社会主义事业奋斗终身的有用之才。

高等学校应围绕"培养什么人、怎样培养人、为谁培养人"的育人主线，落实立德树人根本任务，加强专业教育与思想政治教育的有机衔接。就思想政治教育而言，高等学校应构建"大思政"育人体系，包括四个层面：一是"思政课程"层面，即传统意义上的思想政治教育是思想政治教育的主渠道；二是"课程思政"层面，即融思想政治教育于专业教育之中，使每一门课程都成为思想政治教育的载体；三是"文化思政"育人体系，即通过营造浓厚的文化氛围实现育人的目的，增强文化育人功能；四是"学术思政"育人体系，即学生在学术研究过程中实现思想政治素质的拓展与提升，实现学术育人。"思政课程""课程思政""文化思政""学术思政"四位一体，互相影响、相互促进、相互衔接，共同构成了高等学校"大思政"育人体系。虽然学术界和教学实践中对"思政课程""课程思政""文化思政"的研究与实施较多，对"学术思政"较少提及，但高等学校作为文化传承与知识创新的重要场所，相关的学术研究既是高等学校的重要职责，也是大学生主要的、基本的学习形式，因此，在学术研究中加强对大学生的思想政治教育显得尤为重要，特别是在当今信息时代，学术研究面临各种机遇与挑战，对参与其中的大学生进行思想政治教育显得格外迫切。

所谓"学术思政",其根本指向即以正确的学术导向引领学生树立正确的价值观、人生观、世界观,在学术研究的过程中,培养学生求真理、悟道理、明事理的价值追求与道德情操,将学术研究与学生的成长、成人、成才结合起来,让学生学会做人、学会做事、学会合作、学会发展,成为一个善于创新创造、促进社会进步的有用之才。"学术思政"具有整合性,融教学、研究、文化于一体,集成长、成人、成才为一身,合思想、能力、发展为一向,是综合的、系统的、嵌入的思想政治教育体系。

大学是文化传承与创新的高地,是教学与科研的综合体。大学生在学习专业知识的同时,也要从事基本的科学研究,这些研究任务的比例、性质、地位与大学的类型(层次)有关。在学术型大学中,学生参与研究的任务较多,从事研究的渠道与机会也会增加。在应用型大学,学生的主要任务是学习专业知识,掌握基本的专业技能,研究任务较少,从事研究工作的渠道和机会也相对较少。就应用型大学而言,学生参与学术研究的主要途径是毕业论文(设计)。所谓毕业论文(设计),是专科及以上学历教育在学生学习完成专业课程之后,为对本专业学生集中进行科学研究训练而要求学生在毕业前撰写的论文(设计),是学生综合运用专业知识在进行创新性研究的基础上形成的创新性研究成果,一般安排在修业的最后一学年(学期)进行。学生在教师指导下,选定课题进行研究,撰写并提交论文(设计),目的在于加强学生综合运用所学知识、理论和技能解决实际问题能力的训练,培养学生的科学研究能力,从总体上考查学生大学阶段学习所达到的学业水平。本科毕业论文(设计)既是本科阶段教学的重要环节,也是考查学生学术研究能力、知识应用能力、综合分析能力的重要指标,在本科人才培养过程中具有重要地位。可见,本科毕业论文(设计)具有学术思政与课程思政的双重功能,其学术思政功能通过课程思政功能得以体现。

本科毕业论文(设计)分类与本科高校分类大体一致,分为三类:即应用型、学术型、技能型。应用型本科毕业论文(设计)侧重应用研究,强调专业与产业的结合,突出实践问题的解决;学术型本科毕业论文(设计)侧重基础研究,强调理论创新,突出学术问题的解决;技能型本科毕业论文(设计)侧重技术(技能)开发研究,强调技术(技能)改进与创新,突出技术(技能)问题的解决。应用型本科毕业论文(设计)是应用型本科高校培养学生学术研究能力的重要渠道,是应用型本科高校教学的基本环节,也是一门重要的课程,在教学体系中具有重要地位。不过应用型本科高校普遍重视的是本科毕业论文(设计)的质量标准与流程进度,对本科毕业论文(设计)的育人功能发挥不够。因此，如何构建完善的应用型本科毕业论文（设计）的课程思政育人体系，充分发挥本科毕业论文（设计）的课程思政育人功能，是应用型本科高校面临的重要课题。本书选取应用型本科毕业论文（设计）课程思政育人作为研究内容，试图构建以功能、机制、路径、策略、评价为主线的课程思政育人体系，体现了应用型高校"大思政"育人体系的时代性、新颖性与整合性，具有重要的学术价值与现实意义。

全书内容分为五章：第一章探讨应用型本科毕业论文（设计）的育人功能，分别从求真理、悟道理、明事理三个层面加以阐述；第二章探讨应用型本科毕业论文（设计）的育人机制，分别从专业拓展机制、职业导航机制、学业发展机制三个层面进行分析；第三章探讨应用型本科毕业论文（设计）的育人路径，分别从选题调研、文献研究、学术表达三个层面进行论述；第四章探索应用型本科毕业论文（设计）的育人策略，主要从问题指导、学术交流、思想引领三个层面进行分析；第五章探讨应用型本科毕业论文（设计）的育人评价，分别从过程、管理、效果三个层面进行论述。

在研究方法上，本书主要采用了文献研究法、调查研究法和实证研究法。（1）文献研究。本书的研究对象是应用型本科毕业论文（设计）育人机制，由于国内外对这方面的研究较为薄弱，系统化的研究甚少，因此能直接服务于本书研究内容的文献甚少。这里的文献研究，主要是指从其他类似的研究成果中收集整理与本研究相关的材料，如对应用型本科人才培养、高质量发展、立德树人等相关问题的论述以及有关的方案、制度性文件等。同时，从应然分析的角度，从应用型本科毕业论文（设计）的育人功能方面着手，分析应用型本科毕业论文（设计）育人的应然目标、标准和要求，明确应用型本科毕业论文（设计）的价值导向和育人功能，以此作为研究的逻辑起点。（2）调查研究。鉴于可资参考的文献少，调查研究显得格外重要，为此，需要尽可能全面系统地掌握应用型本科毕业论文（设计）的具体教学情况，了解操作规程，掌握育人导向，分析应用型本科毕业论文（设计）在课程思政育人方面具备的优势、问题与不足，在掌握第一手材料的基础上，按照发现问题、分析问题、解决问题的主线创新应用型本科毕业论文（设计）课程思政育人体系。（3）实证研究。在以上文献研究和调查研究基础上，进一步探索应用型毕业论文（设计）课程思政育人路径、策略与评价，在选题、论证、表达、答辩等环节加以系统化设计与优化，进一步创新应用型本科毕业论文（设计）课程思政育人体系。

全书以应用型本科毕业论文（设计）育人为核心，以功能定位为切入点，以机制建设为核心，以路径探索为落脚点，遵循从宏观到微观、从抽象到具体、从理论到实践的逻辑递进关系，全面系统探讨应用型本科毕业论文（设计）育人机制问题，形成了以功能为引领、以机制为侧重、以路径为突破、以策略为支撑、以评价为导向的"五位一体"育人体系，具有科学性、合理性和实用性，为应用型人才培养、应用型本科毕业论文（设计）提供理论支撑与应用参照。总体而言，本书全面而系统地分析、论证了应用型本科毕业论文（设计）育人体系，一方面，丰富与创新了应用型人才培养的理论内涵，具有学术创新性和理论拓展性，具有重要的理论意义与学术价值；另一方面，在全面把握现状与问题的基础上，深化机制创新，探索应用型本科毕业论文（设计）育人的新导向、新思路、新模式、新路径，为应用型本科毕业论文（设计）的教学指明方向，为应用型本科毕业论文（设计）落实立德树人明确了思路，具有重要的实践意义与应用价值。

寇尚乾

二〇二二年十二月

目 录

第一章 应用型本科毕业论文（设计）的育人功能 ……………………（ 1 ）
 第一节 培养学生"求真理"的价值追求 ……………………………（ 2 ）
 第二节 培养学生"悟道理"的人格指向 ……………………………（ 10 ）
 第三节 培养学生"明事理"的人文境界 ……………………………（ 23 ）

第二章 应用型本科毕业论文（设计）的育人机制 ……………………（ 29 ）
 第一节 专业拓展机制 …………………………………………………（ 29 ）
 第二节 职业导航机制 …………………………………………………（ 40 ）
 第三节 学业发展机制 …………………………………………………（ 46 ）

第三章 应用型本科毕业论文（设计）的育人路径 ……………………（ 51 ）
 第一节 选题调研 ………………………………………………………（ 51 ）
 第二节 文献研究 ………………………………………………………（ 64 ）
 第三节 学术表达 ………………………………………………………（ 78 ）

第四章 应用型本科毕业论文（设计）的育人策略 ……………………（ 96 ）
 第一节 问题指导 ………………………………………………………（ 96 ）
 第二节 学术交流 ………………………………………………………（110）
 第三节 思想引领 ………………………………………………………（120）

第五章 应用型本科毕业论文（设计）的育人评价 ……………………（127）
 第一节 过程评价 ………………………………………………………（127）
 第二节 管理评价 ………………………………………………………（137）

第三节　效果评价……………………………………………（151）

参考文献………………………………………………………（158）
后　　记………………………………………………………（165）

第一章 应用型本科毕业论文（设计）的育人功能

在 2018 年全国教育大会上，习近平总书记提出："要在增长知识见识上下功夫，教育引导学生珍惜学习时光，心无旁骛求知问学，增长见识，丰富学识，沿着求真理、悟道理、明事理的方向前进。"[①] 这为高校人才培养和人才培养体系的构建指明了方向。立德树人，主线在于求真理、悟道理、明事理，使真理明于人、道理晓于人、事理达于人。高校立德树人就是要明确学识培养的价值导向，实现知识传授和价值引领的有机结合。

本科毕业论文（设计）是本科阶段的一门"压轴性"课程，要求学生在基本学完专业课程之后系统地撰写一篇论文或设计，是专业知识的综合运用过程，重点培养学生利用专业知识发现问题、分析问题、解决问题的能力，是学生专业应用能力和学术研究能力的集中体现。同时，本科毕业论文（设计）不仅仅是能力培养的过程，更是价值塑造的过程，涉及学生如何做人、如何做事以及如何自立于社会的问题。可以说，本科毕业论文（设计）是学校与社会有机衔接的中介和桥梁，是学生从学校走向社会的必要过渡。在这个过程中，如果育人导向明确，育人渠道通畅，育人措施得力，往往能够使专业教育阶段的育人成效得到升华，取得很好的育人效果，实现学生从"学校人"向"社会人"的成功转变。应用型本科毕业论文（设计）课程思政功能在于培养学生"求真理"的价值追求、"悟道理"的人格指向、"明事理"的人文境界，引领学生成才、成人、成长。

---

① 新华社 习近平出席全国教育大会并发表重要讲话 [EB/OL]. [2022-12-03]（2018-09-10）. http://www.gov.cn/xinwen/2018-09/10/content_5320835.htm.

第一节 培养学生"求真理"的价值追求

真理是人们对客观事物及其规律的正确认识。"求真理"是高校人才培养的价值诉求，是高校人才培养的主旨所在。高等教育"为党育人、为国育才"，培养"德、智、体、美、劳"全面发展的社会主义建设者和接班人，首要任务就是培养学生追求真理的价值取向，使学生掌握追求真理的科学方法，凝聚追求真理的强大动力。应用型本科毕业论文（设计）课程思政包括两条主线：一方面是学术研究、探索真理的过程，包括知识积累、增长见识、守正创新三个循序渐进、由表及里、逐步深入的环节；另一方面又是通过学术研究培养学生综合人文素质的过程，包括历练"求真"品质、树立"务实"思想、培养"批判"精神。以上两条主线共同构成了应用型本科毕业论文（设计）的"求真理"的课程思政体系，总体目标是教育引导学生砥砺勤学之志、增强善学之能、发挥学识之用。

一、在知识积累的过程中砥砺勤学之志

知识是哲学认识论领域最为重要的一个概念。一条陈述能称得上是知识必须满足三个条件：它一定是被验证过的，正确的，而且是被人们相信的。由此看来，知识属于文化，而文化是感性与知识的升华，这便是知识与文化之间的关系。

掌握文化知识，是大学生的学途正道；学习文化知识，是每一位大学生的第一要务。高校要引导广大青年求真学问、练真本领。就本科教育来说，通过对公共基础课、专业课的学习，掌握了较为全面系统的一般性知识和专业性知识，形成了一定的专业能力，具备了一定的专业素养，在"成才"的道路上迈出了关键的一步。但是，只有知识储备，而没有对知识的系统梳理、自我逻辑建构，以及将客观的知识体系内化为自身的知识经验，对于一个本科毕业生来说，也是不够的。本科毕业论文（设计）是培养学生对知识进行综合运用的一门课程，本科毕业论文（设计）的完成正是促进学生对专业知识进行系统梳理，围绕理论或现实问题进行选题，以及围绕选题进行文献研究的一个系统化过程，是一个学生对专业知识进行整理、反思、升华、应用的过程。在本科毕业论文（设计）的实施过程中，通过引领学生对专业知识进行"再学习"，培养学生热爱真理、追求真理和为真理而拼搏的治学精神。

（一）在梳理专业知识体系的过程中增长知识

本科毕业论文（设计）不是凭空完成的，它首先需要坚实的专业基础，对专业知识体系进行系统的梳理与分析是本科毕业论文（设计）重要的准备环节。大学的每一个专业都有自身严密的知识体系，这些知识体系上承学科，下接课程。任何一门课程都具有一个相对完整的知识模块，众多课程的知识模块前后衔接，构成了较为完整的专业知识体系，众多专业知识体系互相衔接，构成了系统化的学科知识体系。就专业知识体系而言，主要包括知识、技能、理论等，分布在公共基础课、专业基础课、专业骨干课、专业核心课之中，是一个前后衔接、由浅入深、互相促进的知识体系。

本科毕业论文（设计）是对专业知识的综合运用，是在坚实的专业知识基础上完成的，因此，全面系统梳理本科阶段的专业知识体系，是完成本科毕业论文（设计）的基本前提。为此，需要对本科阶段的专业课程体系进行全面回顾。明确每一门课程的知识框架，回顾重要知识点，弄清专业课程之间的内在联系，最终明确整个专业体系的知识框架、重点、难点以及理论体系，掌握基础知识、基本技能。在这个过程中，要引领学生善于思考和去伪存真，抓住学科专业的框架体系和精髓要义，掌握核心思想、基本理论、基本方法和基本技能，做到活学活用，培养学生热爱科学、乐于探索的学术品质和治学精神。

（二）在明确选题基本方向的过程中增长知识

选题是毕业论文（设计）的第一步，是毕业论文（设计）意义与价值的体现。毕业论文（设计）的选题不是盲目的，需要在梳理专业知识体系的基础上，结合自身对专业知识的掌握进行选择。为此，需要从更高的视野对专业知识体系进行审视，要系统分析贯穿专业知识体系的逻辑主线，明确专业知识模块之间的逻辑关系，全面考量各专业知识模块的能力要求，明确各知识模块的理论体系及生产实践应用情况。在此基础上分析专业知识体系在学科中的地位、价值及作用，明确专业定位，并进一步分析本专业与相近专业之间、交叉学科之间的知识交叉与衔接融合情况。

具体而言，应用型本科毕业论文（设计）的选题要实现以下几个"精准对接"：一是针对专业体系中的重要知识点，精准对接生产实践中的普遍性需求，进行技术创新与开发研究；二是针对专业体系中的一般知识点，精准对接生产实践中的一般性需求，进行技术革新与应用研究；三是针对专业体系中的薄弱知识点，精准对接生产实践中的特殊性需求，进行理论创新与实践研究。在这个过程中，一方面，围绕选题对专业知识体系及其应用场景进行反复考量，是对专业知识体系的深入思考和掌握，无形之中积累了知识，提高了水平；另一方面，围绕选题对本科毕业论文（设计）的研究方向、研究定位进行反复考量，是对学术研究的科学定位与合理设计。导师应指导和引领学生善于思考和敢于创新，培养学生追求真理的学术品质和大胆创新的学术素养，培养学生学会交流与合作的基本能力。

（三）在文献检索及其分析的过程中增长知识

文献检索是为毕业论文（设计）提供素材的过程，是毕业论文（设计）的重要环节。文献检索的广度和深度直接决定着毕业论文（设计）的质量与水平。文献检索的方式方法有很多（在此不作赘述），不管采取何种方式方法，基本原则是确保文献检索的全面性、系统性、新颖性，并能兼顾重点，能结合自身研究的需要。文献检索需要围绕选题进行，根据选题的方向，明确文献检索的范围和重点。文献检索是一个增长知识的过程，通过文献检索、阅读与分析，一是可以学习与借鉴前人的研究成果，比如，本选题已有哪些相关的研究，这些研究在哪些方面、在何种程度上具有何种创新性，这些研究与本选题在哪些方面具有相似性，有哪些是可以借鉴与参考的，这些研究尚存在哪些不足，本选题主要应从哪些方面进行探讨。二是可以帮助学生深刻认识专业知识的拓展与应用情况，开阔视野与思路，明确应用前景，便于从选题实际出发，加强对专业知识的应用创新。三是可以帮助学生了解本研究领域的"权威人物""权威理论""权威观点"。"权威人物"是指本学科领域公认的"领袖"，是学科进步的典型代表，在本学科领域具有重大影响，其研究成果往往代表了学科研究的最高水平和前沿状态。使用"权威人物"的科学论断证明自己的观点，能够增强研究结论的权威性。

文献检索与分析是学生开阔专业视野、拓展专业知识体系的过程，在这个过程中，要培养学生尊重前人研究成果的思想意识和善于在前人研究成果基础上不断追求创新的学术品质，既要开阔视野、广泛查阅国内外同类研究文献，也要聚焦问题、深入分析经典文献的核心价值，做到广度与深度兼顾、检索与分析同步。

要教育引领学生勤学，除了把学习作为首要任务。也要视其为一种责任、一种精神追求和一种生活方式。要教育青年学生树立积极向上的学习动机，培养持久的学习热情、高涨的学习兴趣，勇于求索，不畏挑战，真正下功夫、花力气，攻坚克难地求知问学，求得真学问。向学生强调不能根据自身研究的需要而歪曲事实、断章取义地引用别人的观点、牵强附会地引用成果中与自身研究不匹配的有关论断，更不能抄袭剽窃、侵占他人的研究成果，坚持学术自由与学术规范相统一。

二、在增长见识的过程中增强善学之能

高校立德树人不仅要积累知识，而且要在增长见识上下工夫，引导学生砥砺勤学之志、增强善学之能、发挥学识之用。增长见识指的是引导学生广泛地接触事物，拓宽其视野，提升其格局，使其对事物具备前瞻的、深刻的、全面的认识。

知识与见识的差别在于：知识是对过去已经发生的事物规律的一种揭示，见识是通过将知识与实践进行比较、验证，从而获得的一种新能力。对于即将走向工作岗位的本科学生来说，仅有知识的积累和储备是不够的：一方面，一个人即使夜以继日地学习文化知识，也难以掌握人类社会的所有知识，特别是在当今信息社会，知识更新的速度越来越快，一个人毕生所掌握的知识注定是有限的；另一方面，现实世界是动态多变的，一个人仅仅靠知识的储备，而不具备将知识与现实社会联系起来进行统筹分析问题的能力，是难以应对复杂多变的社会实践的。

应用型本科毕业论文（设计）的核心要义是考查学生将专业知识与生产实践相结合，并进行理论创新或实践创新的能力。在完成毕业论文（设计）的过程中，不仅需要具备一定的知识储备，更需要具备足够的见识，反过来讲，完成毕业论文（设计）的过程，也是学生增长见识的过程。在这个过程中，要引导学生树立正确的学习观、发展观，用科学的、先进的理论武装头脑，学以致用，服务国家经济建设与社会发展，为实现中华民族伟大复兴而拼搏奋进。

（一）在文献研究过程中增长见识

学术创新不是凭空产生的，而是站在前人肩膀上的结果，学术研究就是在前人研究的基础上不断推陈出新的过程。因此，文献研究是毕业论文（设计）必不可少的重要环节。文献研究不仅是积累知识的过程，而且是增长见识的过程，在这个过程中：一是通过对相关文献的阅读与分析，帮助学生了解选题的研究现状，明确学术界对选题领域进行研究的热点、创新点以及取得的成绩及不足，明确毕业论文（设计）的研究重点，在前人研究的基础上体现自身的创新，将学术研究逐步推向深入；二是通过对相关文献的归纳与分析，明确研究的优势与薄弱环节，明确毕业论文（设计）可借鉴的成分以及需要在文献基础

上进行探索创新的部分,为毕业论文(设计)的研究指明方向。

文献研究要做到客观公正、准确无误,不能断章取义、歪曲事实。要全面系统把握研究的真实状况,对研究的广度、深度作出精准的评价;要分析不同文献之间的共性与差异,分析其原因,把握文献的主流与支流,明确哪些文献的哪些观点、创新是可以采用的,哪些文献是值得商榷的,哪些文献是不予采用的;要确保毕业论文(设计)的研究以最新、最权威的研究成果为基础,在此基础上进行"扬弃",确保毕业论文(设计)在正确的方向实现创新。导师要注重引领学生具备良好的学术品质,尊重前人的劳动,客观公正地评价前人的研究成果,充分认识前人研究与自身研究的异同与衔接性;做到善于学习与参考、博闻广识、厚积薄发;善于在恪守学术道德、遵守学术规范的基础上合理借鉴前人对自身研究有益的研究成果;善于在知识与见识的复合积累过程中,获得去粗取精的信息分析能力、去伪存真的知识鉴别能力和把握国内外学术前沿的综合判断能力。

(二)在教师指导过程中增长见识

教师指导是毕业论文(设计)得以顺利完成的重要保障,本科学生面对前所未有的研究任务,往往无所适从,这需要教师加强对毕业论文(设计)各环节的指导。通过指导教师的悉心指导,学生可以在以下方面获得发展:(1)正确选题。选题是研究的前提,一个好的选题决定了毕业论文(设计)的价值,只有具备较高的理论价值与应用价值的选题,才是值得研究的选题。教师的指导可以帮助学生将专业知识与生产实践相结合,紧密对接经济社会发展实际,力求在核心技术、关键技术、重大需求上实现新突破,体现毕业论文(设计)的学术价值与应用价值。(2)全面系统收集、整理与分析资料。一篇好的毕业论文(设计)是在全面占有和科学分析资料的基础上完成的,学术创新本身也是学术继承的结果。教师不仅需要指导学生完成对文献资料的检索与分析,帮助学生完成文献资料的收集、整理与研究,而且需要指导学生理论联系实际,帮助学生紧密结合生产实践,完成对生产实践资料的收集、整理与分析,帮助学生了解经济社会发展的现实需求以及如何以现有的专业知识为基础,在理论联系实际上取得新突破、新成果。(3)完成文本写作。面对毕业论文(设计)这样一个系统性任务,学生普通感到压力很大,个别学生有抄袭论文、买卖论文等违反学术规范的行为。指导教师的一个重要任务,是指导学生独立完成毕业论文(设计)的写作任务:一是帮助学生完成逻辑建构,针对占有的材料,引领学生进行合理的理论假设,逐步形成毕业论文(设计)逻辑体系;二是帮助学生完善框架体系，围绕研究的主线，逐步将研究内容展开，形成逻辑层次清晰、内容前后衔接、结构布局合理的毕业论文（设计）框架；三是帮助学生掌握基本的写作方法，按照学术论文论证的基本要求，指导学生提出论点，提供论据，并进行严密的论证。

教师的指导是外因，学生的作为是内因。在毕业论文（设计）的指导过程中，导师一方面要在学生困难的环节上给予必要的指导和引领，帮助学生克服专业和学术研究上的困难，培养学生良好的学术研究素养，另一方面要注重教育引领学生独立完成毕业论文（设计），培养学生学术交流与合作的意识与能力，培养学生克服困难的勇气和追求真理的精神，引领学生从专业知识积累的"量变"向学术创新的"质变"转变，逐步能够独立开展项目研究，提升综合素养，形成良好品质，促进自我实现。

（三）在论文答辩过程中增长见识

答辩是毕业论文（设计）实施的最后一个环节，也是检测学生对毕业论文（设计）及相关内容掌握情况的一个环节。答辩要成立答辩委员会，答辩委员会成员就毕业论文（设计）有关问题进行提问，学生进行答辩，目的是进一步让学生分析清楚毕业论文（设计）的研究思路、研究重点，明确存在的问题，以利于改进和提高。就应用型本科毕业论文（设计）而言，答辩需要综合考虑专业、产业与学术三个方面，从不同侧面、不同角度进行提问与解答，以增进学术交流，深化自身对毕业论文（设计）的有关情况和问题的认识，明确毕业论文（设计）的优点、缺点，以改进或确定今后研究的方向。

在答辩这个环节中，答辩教师提出的一些问题，可以启发学生从多角度进行思维，引领学生对毕业论文（设计）存在的问题进行深度思考，从而增长见识。(1) 答辩教师对毕业论文（设计）的内容方面进行提问，可以帮助学生更加全面深入系统地把握毕业论文（设计）的内容体系和逻辑结构，进而产生完善内容的设想，在后续研究中适当增加或减少某一方面的内容，使毕业论文（设计）在内容上更加完善和优化。(2) 答辩教师对毕业论文（设计）的研究方法方面进行提问，可以启迪学生的研究思路，进一步明确研究的可行方案，掌握并改进研究方法，提高研究质量水平。(3) 答辩教师对毕业论文（设计）存在的问题质疑，可以帮助学生客观认识自身研究的问题与不足，分析问题存在的原因，明确改进的方法，为后续研究少走弯路、提质增效提供借鉴与参照。

答辩是互相辩论、求真质疑的过程，作为学生要虚心和善于接受答辩组提出的学术上的问题和建议，不能偏执己见，而是以开放的思路进行学术交流。

答辩专家通过提出问题和学术交流，要引领学生树立正确的学术价值观，培养学生的学术交流能力、谦虚谨慎良好的学术态度、宽广深厚的学术视野。

三、在守正创新的过程中发挥学识之用

创新是学术研究的灵魂。本科毕业论文（设计）是对专业基础的综合运用，其价值和意义在于创新。一篇好的毕业论文（设计），首先应具有创新性，毕业论文（设计）从选题、逻辑建构、结论的提出无不体现了创新性要求。创新的过程即一个追求知识真理的过程。应用型毕业论文（设计）与学术型毕业论文（设计）不同，它属于应用研究的范畴，而后者属于基础研究的范畴。因此，应用型毕业论文（设计）的创新不仅可以体现为理论创新，也可以体现为应用创新，抑或兼而有之。

知识见识不能只停留在嘴上，要联系实际，做到知行合一、学以致用，坚持潜心问道和关注社会相统一，发挥学识之用。要教育青年学生勤于思考、敢为人先，善于将所学的知识转化为创造创新的动力，将积累的见识转化为创新的素材。通过应用型本科毕业论文（设计），要鼓励青年学生在产业关键技术、颠覆性前沿技术方面做出创新，引导青年学生在不同学科间协同创新，从而培养出具有国际水平的创新型人才。

（一）理论创新

从本质上讲，理论创新是对原有知识的一种颠覆性突破，是以一种全新的方法论进行新的知识建构，概言之，理论创新主要是根据已有的观点、知识、理论推导出新的观点、知识、理论。就应用型本科毕业论文（设计）而言，进行理论创新，提出新的理论并不简单，但是，在专业知识基础上，提出新的观点或认识，却也是可行的。这里主要考查学生对专业知识的认识、反思与质疑能力。

在应用型毕业论文（设计）的实施过程中，学生要围绕选题进行思考、分析和研究，对收集的文献进行全面系统的梳理，善于在文献研究中发现问题和"疑点"：一是要分析文献自身的问题或"疑点"，或者文献与之前所学过的专业知识的异同，在此基础上分析问题产生的原因、问题的本质以及问题存在的条件，等等，并基于此提出自己的分析判断。二是分析文献之间的问题或"疑点"，通过横向或纵向比较，分析不同文献之间的异同，特别是需要分析文献研究过程或方法的合理性，以此甄别文献结论的科学性。学生可以在文献之间的"矛盾点"上得到启发，通过研究进而得出自己的结论，产生新的观点，这

就是学术创新的过程。三是将文献研究成果与专业知识体系加以对照，在文献与专业知识之间进行分析和研究。专业知识往往比较成熟，但是有些专业知识显得陈旧，有"过时"的情况存在。文献研究成果一般较为新颖，将文献研究成果与专业知识体系进行比较分析的目的是寻找"创新点"，以一种新的研究思路，提出自己对研究对象的新认识、新观点。

理论创新需要培养学生的批判精神，需要学生具有开放的视野、发散的思维、缜密的逻辑，以一种质疑和批判的精神去研究事物发展的走向，去寻找事物的内在规律，而不是随波逐流、人云亦云。

（二）应用创新

应用创新主要是对已有的技术、方案、设计进行改造、优化、升级，形成更优化、简便、高效的技术、方案、设计。应用创新需要具备理论联系实际的能力，即发现问题、分析问题和解决问题的能力。

就应用型本科毕业论文（设计）而言，除了可以理论创新，应用创新也是比较常见的。特别是对于理工科类的专业，选题往往来自生产实践中的技术需求，这就需要深入产业进行调研，了解产业技术的现状，了解产业对新技术的内在需求，在此基础上结合专业知识进行分析、论证和创新，生成和构建新的产业技术，为生产实践服务。

应用型本科毕业论文（设计）的应用创新，主要包括以下三种情况：（1）技术创新。技术创新是应用创新的主要形式，包括两种类型。一是对原有技术的升级改造。原有的技术既有合理的成分，也有需要淘汰的成分，需要优化，避免影响产品质量和生产效率。针对这种情况，应重点研究需要改进的技术，并使之与原有不需要淘汰的技术进行有机组合，实现生产技术的升级改造。二是新技术的发明创造。面对比较落后、需要淘汰的生产技术，需要进行新技术的开发研究，根据产品质量标准和生产线的实际情况，研究开发适应现代生产特点的新技术，以替代落后的生产技术，这类研究能够产生巨大的经济效益。（2）方案设计。即针对一项工程任务，设计一整套施工建设方案。学生需要根据工程建设的需要，运用所学的多方面的专业知识（甚至需要跨学科），按照工程设计的特点、规律开展研究，要体现方案设计的科学性、合理性、必要性与可行性。工程设计要体现系统的思想、创新的思想，能够有效提升工程建设的质量及效率。（3）管理创新。这是针对比较落后的管理模式而进行的管理模式研究。文科与理工科的学生可以围绕管理创新进行毕业论文（设计）的选题，针对不同的学科设计管理创新的侧重点。管理创新要体现现代管理的特点与规律，根据管理对象的具体情况，结合专业知识进行精细化设计，目的在于提高管理质量、水平和效益。

应用创新需要学生广泛了解产业基本需求与专业应用前景，将专业与产业结合起来。鉴于学生视野较窄、对产业了解不够，应用创新需要学生加强产业调研，深入产业部门进行实地考察。学生应加强与导师的交流与沟通，在导师的指导下增进对产业状况的深入了解，对产业技术展开具体分析。学生要树立谦虚谨慎的态度和理论联系实践的学风，深入产业一线虚心求教、认真调研，在此基础上实现技术创新。

第二节　培养学生"悟道理"的人格指向

"悟道理"是高校德育的重要指向，是高校人才培养需要关注的重点。对于人才培养体系的构建，要充分考虑是否为学生创造了"悟道理"的机会和空间，引领学生在理论学习与实践锻炼中辨别先进的思想、正确的价值观、科学的方法与得当的言行。本科毕业论文（设计）是对本科阶段专业知识学习的检验与应用，是一个相对独立的育人环节，是学生从学校走向社会的过渡环节，其重要的育人功能在于培养学生对专业、职业、学业的正确认识，明确三者的阶段性特征以及相互关联性，做到在大学阶段熟练掌握专业、大学毕业后有能力胜任职业、在人生的整个历程中正确对待学业。在完成本科毕业论文（设计）的整个过程中，无不贯穿着一个"悟"字，即悟专业之理、悟职业之理、悟学业之理，形成了一个由浅入深、由弱到强的"悟道理"链条，"悟道理"成为本科毕业论文（设计）课程思政主线。

一、悟专业之理

专业是学科的下位概念，而学科靠专业支撑。专业是指某一学科下的学业门类，由课程组成，而课程是专业的延伸。某一专业具有自身相对独立的知识、技能和理论体系。学生到大学里学习深造，需要选择某一专业，按照专业的知识体系进行学习。专业是职业的基础和前提，因此一般意义上讲，只有具备某一专业知识和能力的毕业生，才能获得相关的职业。

应用型本科毕业论文（设计）是在对专业具备深刻认知和系统把握的基础上完成的，是对专业知识的综合运用，也是专业能力的具体体现。因此，要高质量地完成应用型本科毕业论文（设计），就必须对本专业有深刻的认知与把握，即悟专业之理。所谓悟专业之理，就是了解本专业的知识结构，掌握本专业的基本知识、基本理论、基本技能、基本能力，知晓本专业的应用领域和应用前景，能够熟练运用专业知识解决实际问题。在这个过程中，逐步明确专业定位、专业理念、专业伦理，形成正确的专业价值观。悟专业之理是一个层层递进、逐步深入的过程，主要包括以下几个层面的问题。

（一）悟专业知识

1. 掌握专业知识

专业知识是专业的内容体系，对专业知识的学习与把握是专业教学的主要任务。在大学阶段，学生对专业知识的学习不应该只是记忆、理解和应用，还应该有质疑、反思和批判精神，要敢于在质疑中发现问题，进而将问题设计为选题进行研究。应用型本科毕业论文（设计）正是按照这样一条主线有序展开的。一方面，本科毕业论文（设计）的完成需要借助专业知识，是在专业知识基础上的研究与创新；另一方面，在本科毕业论文（设计）的完成过程中，可以加深学生对专业知识的思考和认识。两个方面互相联系、相辅相成。第二个方面，具体是指在本科毕业论文（设计）的完成过程中，结合研究对象的实际和研究目标的设定情况，进一步对专业进行分析和梳理，形成对专业的更加全面系统的认知。

专业知识是由专业背景、专业理论、专业技能、专业伦理等构成的结构体系，是专业的基本内涵，是学生需要掌握的核心内容。专业知识由一系列模块组成，这些模块由专业课程支撑。专业课程优化组合后构成一个相对独立完整的专业体系，与其他专业体系相区别。掌握专业知识，一是要把握专业背景，明确专业方向。专业背景是指某一专业产生、形成和发展的外在支持系统，是该专业得以存在和发展的外在条件，也是划分此专业和彼专业界限的根据，代表专业发展方向。把握专业背景，就是要明确专业方向，这是掌握专业知识、专业技能和专业伦理的前提，也是形成专业能力、进行专业实践的基础。二是要掌握专业理论，明确专业内涵。专业理论是指一定范围内相对稳定的系统化的理论体系，专业理论由浅入深，按照一定的逻辑，由一系列课程组成，包括专业基础课程、专业骨干课程、专业核心课程、专业拓展课程，等等。专业理论是形成专业能力、进行专业实践的基础。应用型本科毕业论文（设计）需要有专业深度、广度和一定的创新性，只有在对专业理论全面把握的基础上，才能达到应用型本科毕业论文（设计）的基本要求。三是要掌握专业技能，这是对专业理论的具体运用。四是要认知专业伦理，明确专业价值。专业伦理是由专业特性引发的道德价值观与行为规范，是对专业发展方向的主观性评价。认知专业伦理，明确专业价值，就是要对专业的发展前景进行充分的研判，充满专业自信，这是形成专业能力、从事专业实践的内在动力，也是完成应用型本科毕业论文（设计）所需要的内在力量。应用型本科毕业论文（设计）在选题与研究环节应充分考虑专业伦理，在选题方向上确保正确性、先进性与发展性，在研究环节要确保应用型本科毕业论文（设计）不偏离专业方向，能够聚焦专业热点，更好地体现学术创新与应用价值。

2. 分析专业问题

学生首先要掌握专业知识，但不能停留在对专业知识"掌握"阶段，还需要具备对专业知识的"质疑"精神。其实，掌握专业知识与对专业知识的质疑是一个问题的两个方面，"质疑"是对专业知识做更深层次的把握与认知。在质疑的基础上发现专业知识存在的"问题"并进行分析，是应用型毕业论文（设计）的根本宗旨。

发现专业问题，一是发现理论知识方面的问题。理论知识具有高度科学性，但是，在信息化时代，知识更新的速度加快，知识的半衰期越来越短，如果已有的知识不能适应日益变化的新形势、新情况，那应该及时更新或修正认知。为了更好地掌握知识，就要敢于和善于质疑与批判，对一些过时、不正确的知识大胆质疑，要具有发现问题的意识，并善于将这些意识转换设计为"理论问题"，为下一步的研究奠定基础。二是发现理论体系方面的问题。任何理论都不是支离破碎的，而是一个相对系统化的体系，是一个按照一定次序、具有完善的结构功能、前后协调一致相对完整的框架体系。对于一些正确的知识，如果不能够按照一定的体系进行合理化建构，就不能称之为一个科学成熟的理论体系，而是一个有"问题"的理论体系。掌握专业理论知识，就是要在掌握知识点的基础上，对知识体系做整体性把握。从发现问题（逻辑次序、结构功能）的角度，分析知识体系框架的合理性，进而设计为研究问题，进行深入研究。三是发现技能方面存在的问题，包括专业技术、管理技术以及其他应用技术。四是发现专业伦理方面的问题。专业伦理是专业理论里更高层面的问题，主要解决的是专业的社会认可度、负面影响、应用前景、理论体系之间的衔接等方面的问题。掌握专业知识，要从专业伦理的角度和高度上剖析专业理论体系，深入思考与评判专业理论知识体系的伦理学内涵，从伦理学视角发现存在的问题，如理论知识的权威性与社会认可度问题、理论知识的社会积极影响与负面影响问题、本专业领域的理论知识与其他领域的理论知识的相互衔接与功能互促问题、专业理论知识的应用价值与潜在发展前景等方面的问题。

3. 解决专业问题

解决专业问题是应用型本科毕业论文（设计）的核心和落脚点。解决专业问题是从一个好的专业选题开始的。专业选题是在掌握专业知识、分析专业问题的基础上，突出问题导向，将发现的问题设计为研究的课题，从而进行理论研究。在此过程中要注意以下几点：一是专业选题要注意发现专业体系中的新问题，体现理论创新。高校的重要功能之一在于知识创新、理论创新，这种创新正是基于对专业知识和理论的合理质疑与深度研究来实现的。专业理论知识体系一般都是比较完善、成熟的，因此，知识创新、理论创新并不是推翻理论体系的整体，而是在专业理论知识体系中比较薄弱的环节进行突破，专业理论知识体系的完善是逐步进行的，是一个从"量变"到"质变"的持续过程。能够善于发现和研究专业理论知识体系中某一方面的问题，取得实质性创新，是理论研究的重要任务。二是专业选题往往是跨学科进行的。某一学科的专业理论知识体系不是孤立的，往往与其他相关学科有着千丝万缕的联系，因此，某一学科领域的知识创新、理论创新往往会带动其他相关学科的专业理论知识体系的更新。因此，在进行专业选题的时候，需要从更高的视野审视本学科的专业理论知识体系，围绕存在的问题进行跨学科的研究，为本学科的知识创新、理论创新创造更多空间与机遇。三是专业选题不是孤立进行的，需要兼顾实践的需要。实践是理论的源泉，同时也是理论的目的。专业选题除了考虑专业理论知识体系自身、体现理论意义之外，还要考虑实践层面的现实需要，即体现应用价值。实践的需要既是理论研究的直接推动力，也是理论研究的直接导源。专业选题要兼顾产业发展对理论的需要、经济社会发展对理论创新的需要、文化发展对理论的现实需要，等等。结合实践的诸多现实需要，反观相关理论的现状，对理论体系比较薄弱或存在问题的地方，提出与实践紧密结合的研究目标，以形成好的理论选题。专业选题不应局限于理论体系本身，而应体现理论与实践的结合。针对实践中存在的实际问题，寻找理论上的解决办法，以理论研究促进实践问题的解决，形成"理论—实践—理论"的互动与循环，最终在理论研究中获得突破与创新，形成理论成果，解决问题与指导实践。

（二）悟专业能力

1. 掌握专业能力

专业能力主要包括三方面的含义，一是必须具备某种能力才能胜任特定职业，表现为资格，如医生要胜任岗位，就必须具备医学方面的能力；二是进入职场后的专业素质，表现为职业能力；三是在职业生涯开始后管理职业的能力。专业能力是在专业知识的基础上形成的,同时,专业能力既是专业实践的基础,又是职业能力形成的前提。

掌握专业能力,需要了解本专业最终要求学生达到或者具备什么样的能力,把握本专业所要求的能力指标体系,把握本专业各项能力指标之间的层次定位和逻辑关系,掌握各项能力,为成功就业或继续深造做好准备。掌握专业能力,一般包括以下几个层次的含义。一是具备专业素养,就是在掌握本专业的基本知识、基本原理、基本理论、基本能力等的基础上,知晓本专业在本学科体系中的定位,知晓本专业的职业去向和职业内涵,清楚本专业在经济社会发展中的意义,具有从事本专业职业所必需的知识、能力,具有热爱本专业的积极态度和情感,能够胜任本专业的各项能力要求,达到本专业人才培养目标的总体要求,具备从事与本专业对口的社会职业的基本能力,逐步使自己从"专业外行人士"成为"专业内行人士"。二是熟悉专业技能。专业技能是本专业所特有的技术性能力,是在专业知识的基础上形成的。熟悉专业技能,需要把握本专业面向生产实践所应具备的基本操作技能,如师范专业的毕业生应该具备基本的备课技能、板书技能、PPT制作技能、组织课堂教学技能,等等。这些技能有的是由一个方面的知识模块形成的,有的是由几个方面的知识模块综合构建形成的。熟悉专业技能需要把握专业知识与专业技能之间的对应关系,以便更好地根据专业技能的需要充实和完善专业知识,形成结构合理、发展全面和具有职业倾向性的专业技能。三是了解职业要求。专业是职业的准备,职业是专业的拓展,熟悉专业技能,就应进一步了解职业需求状况,了解社会职业对专业技能要求的程度,如从事教师职业,在专业技能方面,除了应该具备必要的课程知识以外,还需要懂得心理学知识、社会学知识、管理学知识,因为教师面对的是个性、智力发展不一的人,需要因材施教,需要具备教育智慧。四是明白社会需求。专业是职业的准备,职业是社会的分工,熟悉专业技能,也需要了解某一专业的社会需求状况,这不仅是高校专业设置和招生的必要参照,而且是大学生选择专业的基本参考,只有在全面客观了解社会需求的基础上,结合自身的兴趣爱好,才能选择适合自身且社会需求度高的专业。

2. 分析专业能力

在掌握专业能力的基础上进一步分析专业能力,是完成应用型本科毕业论文(设计)的重要保障。分析专业能力,主要包括以下几个层次的内涵。一是分析专业能力与专业知识之间的匹配关系。知识是奠定能力的基础,专业知识与专业能力之间是否匹配,既是人才培养的关键,又是分析专业能力问题的重要环节。为此，需要分析专业知识模块与专业能力指标之间的匹配关系，以及专业知识模块、专业能力指标与课程设置之间的匹配关系，达到知识与能力之间相互对应、相互支撑和相互关联。二是分析专业能力结构方面的问题。某一专业的能力结构由低级到高级、由简单到复杂，是一个有机统一、互相联系的整体，由此构成专业能力的指标体系。分析专业能力，就是要分析专业能力体系的结构性问题，分析专业能力结构的整体性、渐进性和有机性。整体性是指某一专业的能力体系自成体系，能够支撑某一社会职业对能力的需要。渐进性是指某一专业能力的指标体系由低到高、由浅入深、循序渐进，低级的能力支撑高级的能力，高级的能力需要一个或者几个低级的能力构成，依次循环，层层递进。有机性是指某一专业的能力指标之间互相联系、互相支撑，形成一个系统组合和整体。三是分析专业能力与职业能力的匹配问题。理论上讲，专业能力是职业能力的核心部分，职业能力是以专业能力为核心构建起来的。分析专业能力，就是要看某一专业的能力体系是否支撑对应的社会职业，是否具备社会职业的能力要求，是否为某一社会职业所需要的能力的核心部分。在专业能力与职业能力不匹配的情况下，反馈到高校人才培养过程中，需要调整人才培养方案，增设或减设相关专业课程，完善课程考核，使专业能力与职业能力相匹配、相支撑，使人才培养过程与职业能力需求相吻合。四是分析专业能力的社会需求问题。从宏观视角考察专业能力是否与社会需求相对接，不仅是人才培养需要重点考量的问题，而且是社会对高等教育关注的焦点。这里所说的专业能力与社会需求相对接，主要是考察专业能力的应用价值、社会价值。高校花费很大的代价培养人才，如果所培养人才的专业能力偏离了社会需求，则毫无意义。为此，需要分析专业能力的社会需求问题，分析专业能力与经济社会发展的关系问题，分析专业能力与国家战略之间的关系问题，发挥高校"为党育人、为国育才"的人才高地作用，培养社会有用之才。

3. 提高专业能力

毕业论文（设计）的核心是学术论证。论证是对专业知识的充分运用。论证的方法有很多种，但论证的内容却是依靠专业知识，是对专业知识的充分展开和实际应用。论证过程需要考虑使用专业知识体系中哪一方面的内容，需要使用哪一个原理、理论或知识点，需要对专业知识的应用进行"合理性"评估，在综合权衡比较的基础上，选择使用最佳的专业知识。在这个过程中，一方面满足了毕业论文（设计）论证的需要，另一方面丰富了对专业知识的认知，尤其是对专业知识的应用范围、应用条件等方面的深刻把握。这是一个提高专业能力的过程。

在论证的过程中，需要正确处理以下几个方面的问题：一是专业能力与专业人才培养目标的达成度。人才培养目标应该与专业能力协调一致，互相促进，如果偏离，则不利于人才培养。在洞悉专业能力内在机理和分析专业能力的基础上，围绕专业能力与人才培养目标的设计进行分析，有助于完善人才培养体系，有利于专业能力的培养。这方面的研究应注重分析专业能力和人才培养目标两个体系的对应关系，理清专业能力的框架体系，优化人才培养方案，实现二者的有机整合。这方面的选题，可以帮助学生明确自身的专业能力及其培养方式，以便更好掌握专业能力。二是专业能力与职业能力的匹配度。上文已说明专业能力与职业能力的关系，此处从选题的角度提出专业能力与职业能力的匹配关系，也指明了该选题的研究方向，即重在探讨专业能力是否能够支撑职业能力，针对职业能力的定位，专业能力尚需做哪些方面的调整或完善，以实现二者之间的互相匹配，让毕业生走出校门就能够适应岗位需要，胜任岗位工作。相应地，为了提升专业能力，还要研究人才培养方案需要做哪些调整和完善，采取怎样的办法措施，如何改进与调整，等等。当然，在做这方面研究的时候，需要综合考虑职业能力的内在机理，明确哪些职业能力是通过提升专业能力所能达到的，哪些职业能力是通过岗位培训所能掌握的，哪些职业能力是社会因素所自然形成的，以便明确专业能力与职业能力的相互对应关系。三是专业能力与终身发展的契合度。专业能力特别是专业核心能力不仅仅是职业能力的构成要素和维持职业现状的现实需要，更应该是一个人适应经济社会发展需要、实现自身终身发展的内在条件，因此，应加强对专业能力与终身发展契合度的研究，服务每个人的终身职业发展。要加强对专业能力内涵和指标的研究，从"质"和"量"两个维度上分析专业能力与职业终生发展的关系，从专业基础能力、专业核心能力、专业拓展能力等层次上研究专业能力支持职业终身发展问题，从各种层次进一步分析专业能力的培养途径、措施和办法。在终身职业发展对专业能力需求方面的研究上，要注意区分职业终身发展对各种能力需求的定位，注意分析专业能力、个人特质性能力、社会适应能力等不同的影响因素，避免产生将专业能力泛化的倾向。

（三）悟专业应用

1. 发现应用问题

专业应用即将专业知识应用于实践。知识的价值在于应用，应用是知识学习的目的。掌握专业应用的本领，是应用型人才培养的主线和目标。应用型本科毕业论文（设计）作为人才培养的重要环节，应注重培养学生的应用能力。

培养应用能力从发现问题开始,发现应用问题主要围绕四个维度而展开。一是专业应用的知识储备。知识储备是专业应用的基础条件,只有知识储备达到一定的程度并能够优化组合,达到知识储备与知识应用相匹配的程度,知识应用的功能才能够产生。在信息化时代,由于知识更新的速度不断加快,经济社会发展的速度也在加快,而人才培养更新的速度往往滞后,这就容易造成人才培养过程中知识储备的滞后和不足,容易产生知识储备不能满足知识应用实际需要的情况。因此,在专业应用的过程中,要善于发现知识储备的问题,分析知识应用需要具备的知识储备,明确知识储备的不足与问题,以便反馈到人才培养过程之中,促进人才培养不断改善。二是专业应用的发生条件。专业应用不是在任何条件下都能发生的,专业应用也不是无限的,换言之,任何专业应用都是有条件的,也是有限的。在专业应用的过程中,要注意分析预期效果是否实现,如果实现了预期效果,需要进一步分析是否在应用条件满足的情况下达到,是否有其他因素的参与影响。如果预期效果没有达到,首先分析应用条件是否达到,其次分析是否存在干扰因素影响或改变了应用条件,在此基础上综合分析原因。分析与研究专业应用的发生条件,目的在于明确专业应用的条件规律,为专业应用的预期提供先导,也为专业应用创造条件,达到专业应用准确实现。三是专业应用的预期效果。专业应用是一个复杂的过程,也是一个从知识到实践的复杂链条,在专业应用的过程中,除了上述专业应用条件的作用之外,往往还存在各种因素的影响、作用与干扰,因此,专业应用的预期效果与实际效果往往会产生一定程度的偏差甚至背离。要分析预期效果与实际效果之间的逻辑关系,进一步分析问题存在的原因。四是专业应用的拓展领域。专业应用不是理论先定的,它在很大程度上是一种预期,也需要在实践中不断拓展领域。因此,在专业应用的过程中,要善于不断拓展专业应用的领域,将专业应用领域不断扩大,不断拓展专业应用的效益。专业应用拓展不是一次应用就能够证明的,需要多次反复,探索规律并加以验证,只有经过证实了的规律,才能确定为专业应用的效果。在此过程中,需要结合专业应用特点,综合运用专业知识进行判断分析,既需要借助多学科的专业知识加以分析判断,也需要在变化了的环境中加以应用,使专业应用越来越成熟。专业应用是一个不断拓展的领域,需要持续探索与发现,使专业应用越来越充实、完善。

2. 分析应用问题

学生围绕本科毕业论文(设计)开展应用研究,首先需要把握专业知识的应用情况,这是开展应用研究的基本前提。为此,需要把握以下几个方面的问题:

一是分析专业应用的机理，主要是指明确专业知识应用于专业实践的环境、条件、效果、程度以及影响因素、风险防控等，这是从更高的视角审视专业知识及其应用，对专业知识进行深度透视并能熟练把握。只有分析清楚专业应用的内在和外在机理，才能更加灵活、深入地把握专业应用，并且能够进一步具备专业知识迁移的能力，能够灵活机动地将专业知识合理地应用于变化的场景之中，拓展专业知识应用的能力，同时增强风险防控的意识和能力，规避不必要的风险。二是分析专业应用的领域，也即专业应用的范围。任何理论、原理、知识都具有自身的应用范围，超出了应用范围就不会得出应有的结论，甚至得出截然相反的结论；同样的知识与理论，在不同的领域会产生不同的作用与效果，只有将正确的知识应用于正确的领域，专业知识才会产生预期的作用与效果。因此，对知识应用范围的把握很重要，明确专业应用领域是专业应用的重要前提。分析专业应用的领域，主要指明确专业知识、专业技能、应用场景、应用领域、应用成效等方面的问题。分析和明确专业应用的领域，需要深度剖析专业知识（理论）的产生背景、作用条件和运行机理，把握专业知识（理论）的特点与规律，形成对专业知识（理论）的系统性认知。在应用型本科毕业论文（设计）的研究过程中，特别需要注意专业知识的应用范围，严格按照论证的逻辑进行分析和论证，不能人为地、想当然地对专业知识进行运用，要根据研究对象的实际情况，在专业知识的应用范围之内进行研究，从而得出正确的结论。超出了专业知识应用范围的研究，只能得出"假命题"和"伪命题"，而不是"真命题"。三是分析专业应用的能力，主要指分析将专业知识应用于实践过程中应该具备的各种能力，包括专业基础能力、专业交叉拓展能力以及其他社会性能力。专业基础能力是专业内必须具备的基础性能力，是"业内人员"普遍具备的能力；专业交叉能力主要指相近专业之间共同具备的能力，由于专业划分过细，单一专业的知识与能力过于狭窄，需要适当借助相近专业的能力共同完成复杂的实践任务；其他社会性能力比较宽泛，比如人际交往能力、外语与计算机能力、社会经验，等等。四是分析专业应用的前景。主要指分析专业知识应用于实践的潜力、预期成效、时间与环境等等，专业知识的应用前景是对专业应用情况的合理性展望，是对专业知识应用情况的科学推断。明确专业应用的前景，有助于确定专业应用选题的理论意义与应用价值，只有专业应用前景好的专业应用选题，才会产生预期的研究成效，值得深入开展研究，相反，一个专业应用前景暗淡的选题，则失去了研究的价值，不在选题探讨之列。同时，由于应用型本科毕业论文（设计）的选题较多指向产业实践，难免涉及对前沿技术的研究，因此，这类研究就需要对专业知识的应用前景的研究、分析和判断，要结合专业知识的应用条件、应用范围进行"适用性"研究。同时，对专业知识应用前景的研究，往往需要借助交叉学科、相近专业的知识，需要根据研究对象具体情况进行综合研究分析。

3. 解决应用问题

这里的解决专业应用问题，主要基于毕业论文（设计）选题的角度。根据以上的阐述，基于解决专业应用问题的选题主要应立足以下几个层面进行。一是要明确专业应用的理论依据。专业应用是理论作用下的必然结果，是客观规律。只要具备或符合相关的理论，专业应用便可发生，具有可重复性。但是，就某一方面的专业应用而言，其理论依据可能是单一的，也可能不是单一的，是众多理论共同作用的结果。因此，选择专业应用的理论依据进行研究，就需要研究专业应用的具体理论依据是什么，只有明确了专业应用的理论依据，才能更好地按照理论依据的规律去掌握专业应用，从而使专业应用更具有可控性，专业应用的效果也才能具有可预期性。专业应用的理论依据包括普适性的理论、核心理论依据和交叉理论依据，在选择该类选题进行研究的时候应分清主次，做到全面系统、重点突出、详略得当。二是要把握专业知识的应用条件。任何专业知识或专业理论都具有自身的适用条件，相应的专业应用也具有自身的发生条件，只有在条件具备的时候，专业应用才会发生作用，是在一定条件下的应用，而不是"放之四海而皆准"。为此，需要认真分析选题的研究范围和专业知识的应用条件，从而加深对专业知识的认知。选择专业应用的适用条件进行研究，就是要明确某一具体的专业应用的具体条件，明确专业应用在不同条件下的作用形式，以通过控制条件使专业应用在可控的范围内发生作用，服务于人们的主观需要。专业应用的适用条件可能不是单一的，在这种情况下要注意研究这些条件的主次与联系，弄清楚哪些是主要条件，哪些是辅助条件，以便加以控制。学生根据经济社会发展需求进行选题开展研究，需要借助专业知识进行应用开发研究，就必须充分了解和把握这些专业知识的应用条件。只有在满足应用条件的基础上，才能将专业知识加以运用，也才能进行应用开发研究，否则不具备应用开发研究的前提。四是专业应用的拓展与迁移。专业应用的拓展是指在已经明确专业应用实际效果的情况下，根据专业应用的发生条件，将专业应用向更广泛的领域加以拓展，扩大专业应用的领域。如小学教师的课堂教学，本身是小学教育专业的理论在小学教育领域的应用问题，但是，可以将这一理论拓展到中学加以应用，也就是说，只要一名教师掌握了小学阶段的专业应用，并将这一应用适当拓展到中学阶段，小学教师也可以到中学任教。专业迁移是指将本领域的专业应用移植到相近的专业领域，同样举教师职业这个例子，一名中学教师，掌握了专业应用的技能，那么当聘任他（她）去做一场面向产业工人的讲座时，如果该教师能够将从事中学教学的应用能力加以合理迁移，同样能够胜任。这里的能力包括因材施教、互动交流、启发教学，等等。只要该教师能够将专业应用的核心技能合理地迁移到变化了的场景，专业应用的效果同样可观。选择专业应用拓展与迁移进行研究，需要注意专业应用的发生条件，需要明确在变化了的场景如何使用专业应用的核心问题。

二、悟职业之理

职业是社会分工的产物和表现形式，是经济社会发展的需要、载体和现实生产力。职业的前提是专业（如上所述），专业的结果表现为职业。由于本科毕业论文（设计）是学生从学校走向社会的中介和桥梁，是专业和职业的过渡环节，本科毕业论文（设计）不仅需要培养学生的专业能力，也要培养学生的职业能力。因此，在毕业论文（设计）的完成过程中，不仅要引领学生"悟专业之理"，也要引领学生"悟职业之理"，通过本科毕业论文（设计）这一载体，将学生培养成为具有职业意识和职业能力的"社会人"。这也正是毕业论文（设计）课程思政的重要功能之一。

（一）悟职业定位

职业定位对职业选择很重要，职业定位准确更有利于实现成功就业。在本科毕业论文（设计）的完成过程中，要逐步了解和明确自身对专业知识的掌握情况，了解自身对专业知识应用的掌握情况，了解自身的专业兴趣和爱好，在此基础上对自身选择专业进行合理的认知，实事求是地明确职业方向和定位。如果职业定位过高，则不利于实现就业，相反，如果职业定位过低，则不利于自身职业发展。只有职业定位适中，才能既利于成功就业，也利于职业发展。

同时，在应用型本科毕业论文（设计）的完成过程中，要引领学生合理定位职业目标。由于选题更加贴近生产实践，更有助于学生了解产业一线的实际情况，要引领学生树立正确的职业意识，既要积极就业，又要避免好高骛远。必须明确，不同层次的大学、不同的专业，职业定位应有所不同，社会分工需要各种各样的就业者，只要在适合自身专业实际的岗位上才能最大限度地实现自身价值，为社会做出更大贡献。

（二）悟职业能力

职业能力是从事某一职业所必须具有的职业素养和能力要求，一般意义上讲，职业能力至少应包括以下三个层次的含义：一是执业能力，即获得职业并胜任岗位的能力，从这个角度来看，职业能力主要体现在与职业活动的相关性上，并不涵盖所有的职业领域，它所针对的职业有其特定含义，直接对应的是与生产、技术、管理或服务密切相关的职业，这些职业对能力的要求是能够胜任职业任务，并能直接影响职业活动的效率。二是职业提升与迁移能力，即按照从事职业的特点和规律，不断提高职业层级和拓展职业范围的能力。从这个角度来看，职业能力的结构是复杂的、多维的，是理论与实践的专业结合，内容包括职业知识、岗位技能和行业经验等，同时，鉴于科技发展的新趋势和国家产业结构调整的新态势，企业的技术与设备升级使员工的转岗现象成为常态，因此，职业能力还包括跨岗位的适应能力，即知识迁移能力。三是职业终身发展能力。基于人的全面发展的职业能力观和整合观，职业能力具有源于和超越职业情境的属性，职业能力培养的目标是个体与情境的互动、契合和超越，形成个体行为模式和思维结构的深层次融合。

在毕业论文（设计）的完成过程中，既要引导学生正确认知自身的职业能力，又要有目的、有意识地培养学生的职业能力。就认知层面而言，学生应该认识自身在职业能力方面具备的优势和不足，了解自身在职业能力的哪一层次上具备优势，在哪一层次上还存在缺陷，等等，便于充分认识自我和更好发展自我。就培养层面而言，学生可以通过毕业论文（设计），有意识地将专业知识转化为职业能力，增强专业应用意识，培养专业应用能力，坚持学以致用，增强理论联系实际的能力。

（三）悟职业理想

职业理想是对职业发展所抱有的愿望、规划和愿景，是对职业发展的远景规划和职业追求，每个即将从事和正在从事某一职业的人，都应在不同层次上具有自身的职业理想，因为职业理想是激励一个人职业发展的内在动力。在应用型本科毕业论文（设计）的完成过程中，由于选题和论证过程较多涉及专业与产业的对接与融合，学生会对今后从事的职业或多或少有所了解和认识，同时，结合自身专业特长与综合素质，会将自身的特长与职业需求相对照，形成带有一定主观倾向性的职业意识、职业理想。指导教师要抓住育人时机，因势利导，引领学生树立正确的职业意识、职业定位和职业理想。

1. 职业理想要顺应时代需求

职业是社会分工的产物，每个人所从事的职业会受到社会的影响和制约。因此，在进行职业规划的时候，大学生应顺应时代需求，进行合理化设计。中国经济发展进入新时代，最鲜明的特点是改革开放，最显著的成就是快速发展，最突出的标志是与时俱进。这就要求当代大学生在职业设计上适应这些特征和要求。一是要以开放的视野审视自身职业，不要局限于小范围、小格局、小产业，要从专业与产业的融合点上寻求突破，在专业与产业的切入点上寻求发展。二是要以发展的思维跟踪职业变迁，在信息化社会知识更新速度加快的情况下，职业出现变迁在所难免，一些职业可能会出现转型，一些职业可能会被淘汰，一些新兴职业会因社会需求产生。作为即将毕业就业的大学生，要有应对职业变迁的心理准备和能力积累，通过对毕业论文（设计）的研究，深入分析和充分研判本专业职业发展的走向，为适应岗位做好思想上、知识上、能力上的准备。三是要终身发展，适应新形势。要根据变化了的条件、环境、要求对自身状况不断加以调整，不断学习新知识，掌握新能力，以适应新岗位。从而实现好自身的职业理想。

2. 职业理想要适应产业需求

职业与产业紧密相连，职业是产业的支撑，产业是职业的基础。因此，职业要适应产业的发展变化。由于科学技术的快速发展，社会预期的不断调整，产业迎来转型升级，产业对核心技术、关键技术的需求程度越来越高。产业的转型升级必然对职业发展提出更高要求，职业的技术含量因此越来越高。本科毕业论文（设计）是学生了解产业的最佳途径，指导教师要引导学生在毕业论文（设计）的实施过程中加深对产业转型升级的认识，全面把握产业转型升级对职业发展的新要求。从职业与产业的关系上讲，通过完成本科毕业论文（设计），学生一方面需要深入产业实施调研，了解产业需求状况，在加深对产业技术和生产过程认识的基础上，加深对产业和专业结合度的认识，剥离外在的影响因素，从核心技术、关键技术和生产流程的深层次环节梳理与分析专业和产业的内在关联，明确专业对产业的支撑和影响以及产业发展对专业技术的新需求；另一方面需要深入分析产业的转型升级的特点、规律和基本走向，深入剖析产业转型升级的技术需求以及这些需求对专业能力提出的新要求。在以上两方面分析与研究的基础上，学生分析产业发展与专业的关系，明确产业转型升级对职业岗位的新要求，从而为自身的职业发展提供参照，为实现职业理想做好铺垫。

三、悟学业之理

从上述分析中可以看出，专业学习是大学阶段的主要任务，专业学习的目的在于获得职业，而职业是随着经济社会的发展而不断变化的，为了适应职业的发展变化，就需要不断提高自身职业素养和职业能力。因此，学习不是阶段性的，而是终身性的。同时，学生在本科毕业论文（设计）的完成过程中会遇到一些问题和困难，为了解决这些问题和困难，请教老师、查阅资料进行分析，也是一个需要不断学习的过程。由此可以得出一些基本的道理：人生活在社会中，随时随地都需要学习；学习已经成为人们的基本生活方式，学习是终身性的，而不是阶段性的；学习是常态，不学习就会落伍于时代，被社会所淘汰。

因此，在应用型本科毕业论文（设计）的完成过程中，教师要引领学生树立正确的学业观，树立终身学习的思想。一是通过本科毕业论文（设计）中遇到的问题，指导学生掌握学习方法，学会合作与交流，在合作与交流中增长知识和见识。使学生在与老师、同学的合作交流中悟学术之道、人生之道、社会之道。随着社会分工和专业设置的越来越细化，很多项目或工作，都需要多专业、跨专业的合作。面对非自身专业的知识领域，需要通过与不同专业的合作交流来实现，在这种跨学科专业的合作与交流中获得知识与见识，是在实际工作中不断学习的主要途径。二是对于毕业论文（设计）中遇到的生产实践问题，除了通过对书本知识的回顾和反思之外，更重要的是需要深入生产实践一线，开展深度调研，在亲身实践中增长知识，在与技术人员、管理人员、一线操作员的交流中学习实践知识。这是部分本科学生所欠缺的，也是毕业论文（设计）课程思政的重要功能之一。

第三节　培养学生"明事理"的人文境界

从字面意义上讲，"明事理"一是指明白事情的道理，二是指清楚事情的机理，三是指知晓事情的原因、过程与结果，能把握事物的特点和规律，从而推断事物的发展趋势。从延伸意义上讲，"明事理"是指明白事情的本质，知晓事情的本来面目，按照事情的特点和规律办事，包括懂道理、辨是非、知耻辱、明好坏、识大体、顾大局，等等。"明事理"是为人处世的最高境界，因而也是育人的最高目标，"求真理""悟道理"都是为了"明事理"，学习文化知识和专业知识也是为了"明事理",自古以来"读书明理"就是这个道理。

在"求真理""悟道理"的基础上,达到"明事理"的境界,是应用型本科毕业论文(设计)课程思政重要的育人功能。本科毕业论文(设计)的各环节都有一定的任务和要求,这些任务和要求都有明确的规范和规则,这些规范和规则是确保毕业论文(设计)质量的重要因素,学生应该遵守这些流程和规则,而不能随意变更。同时,学生在完成本科毕业论文(设计)的过程中,不仅要遵循本科毕业论文(设计)本身的逻辑规则,也要将这些逻辑规则"迁移"到为人处世领域,学会做人,学会做事,学会与人合作,增强应变能力和立足社会的能力。通过导师的指导和与导师、同学的交流,通过自身的缜密思考和认真的研究,在严谨的学术规范中形成科学的世界观,在系统的学习与实践中形成高尚的人生观,在与社会的交互中自觉践行社会主义核心价值观,达到明事理的境界和要求。从这个意义上讲,完成本科毕业论文(设计)整个过程,也就是学生逐步达到"明事理"这一人文境界的过程。

"明事理"涉及的内容很多,本节不全面展开,主要围绕本科毕业论文(设计)有关环节的规则加以引申,从"底线思维"的角度,重点从"明规则""明规矩""明义务"三个环节构建本科毕业论文(设计)"明事理"的育人主线。

一、明规则

规则,一般指由群众共同制定、公认或由代表人统一制定并通过的,由群体里的所有成员一起遵守的条例和章程。规则是得到每个社会公民承认和遵守而存在的。行为规则要有助于一种秩序的构建,必须满足下述两个条件:第一,个人遵守这些规则;第二,个人运用这些规则去实现他们自己的目的,而这些个人的目的在很大程度上则是那些确立这些规则或有权修正这些规则的人所不知道的。也就是说,规则面对的是公共秩序,而非个人,因此,遵守规则也就成为一项重要的法则。每一个行业都具有自身的规则,各种行业规则的综合构成社会规则,社会法则是维持正常社会秩序的重要保障。

本科毕业论文(设计)属于学术研究的范畴,学生应遵守学术道德和学术规范,主要包括:不弄虚作假,不得抄袭他人成果,不得伪造数据,不得请人代写,引用文献要注明,等等。这些都是学术研究的底线,是学术规范的最基本要求。除此之外,每个高校对本科毕业论文(设计)的格式还有具体要求,这些也是学生需要遵守的学术规范。制定学术规则的目的,一方面是促进学术研究的规范化,对每一个研究者做到公平公正公开,促进学术创新;另一方面是为了保护知识产权，防止研究成果被盗用，激励研究人员积极创新。在某种意义上讲，保护知识产权就是保护创新。

导师在本科毕业论文（设计）的指导过程中，在对各环节的展开方式进行正面引领的同时，应有意识重点对学术规范进行讲解，引领学生沿着学术研究的正确道路进行创新，而不能存在任何投机取巧的侥幸心理，不要碰学术研究的"红线"，培养学生养成遵守学术规范的习惯，培养学生良好的学术修养，培养学生良好的学术道德。

学术研究必须遵守学术规则，同样，任何社会性活动都有自身的规则。因此，要通过遵守学术规则，将"规则意识"迁移到社会活动的方方面面、贯穿到各个环节，做任何事情都要首先树立"规则意识"，做到心中有规则，做事有章法，不能随意所为、恣意妄为。比如开车遵守交通规则，进入大型场所要遵守公共规则，疫情期间要遵守社区和单位的规定，等等。必须明确，规则是公共规则，不是针对个人，制定规则的目的不是为了限制谁，而是为了维护良好的公共秩序，只有大家普遍遵守公共规则，公共秩序才能正常，社会才能稳定。否则，正常的社会秩序就会遭到破坏，这不仅对整个社会发展不利，而且对社会中的每个人也是不利的。针对即将毕业走向工作岗位的大学生，更要进行规则教育和规则意识的培养，因为任何一个单位、任何一个部门、任何一个岗位都有自身的规则要求，这些规则都是通过长期的总结与验证制定出来的，并被验证对工作的顺利推进有利的，只有遵守这些规则的要求，才能更好开展工作，因此，大家应该严格遵守。如果觉得某一方面的规则存在问题或不足，可以通过正当途径向上级反映，经集体讨论，合理的建议将得到采纳，对不合理的规则进行修改完善。但是，在规则没有通过合法渠道进行修改之前，旧的规则还必须遵守，这涉及规则修改的合法性程序问题。

二、明规矩

规矩，意思是规和矩，也指一定的标准法度、陈规，礼法。《礼记·经解》中说："规矩诚设，不可欺以方圆"。我们经常说"没有规矩不成方圆"就是这个道理。规矩其实是一个意义非常广泛的概念，各行各业都有潜在的规矩，社会中的各种人际交往也都要讲规矩。家长对孩子的教育，往往是以"规矩教育"为主线的，就是培养孩子讲礼貌、懂道理、做人做事要正当，等等。政治生活中，我们平时经常说的"讲政治规矩"，这是指要遵从党内的规矩。在日常工作中，有的领导评价员工"懂规矩"，意思是指这个员工懂业内的规则，说话办事按常规。相反，如果评价某一员工"不懂规矩"，就是说这个员工不按常理做事，领导和同事对他（她）的工作方式、处事方式不认同。

规矩和规则不同。规则是行为方式的"底线"要求，是最基本的规范，突破了这个"底线"，就会受到相应的惩罚；规矩则是行为方式的较高要求，是在遵守规则基础上的行业内部的"高端"标准和要求。有些规矩是硬性规定，如党的政治规矩、纪律规矩，是成文的刚性的要求；有些往往是不成文、约定俗成的规定，有的甚至是行业内部的"潜规则"。但是，不管成文的还是不成文的，规矩都是做好各项工作的保证，都是需要遵守的。

在应用型本科毕业论文（设计）的完成过程中，有很多"规矩"需要学生知晓和遵守。本科毕业论文（设计）是学生自己的事情，是一门课程，指导教师只是帮助学生更好地完成这项工作，更好地指导学生方法。学生应该主动而不是消极被动，比如学生应该积极主动遵守本科毕业论文（设计）有关规定，主动上交各项材料，主动联系指导教师请教有关事项，主动进行思考和研究，而不是"等、靠、要"，更不能让导师催着才去做，要按时、保质保量完成各环节的任务要求，而不是消极被动地应付，遇到问题要主动请教而不是等着导师指导，要积极主动收集整理材料而不是靠导师提供，学生在和导师交流的时候应该谦虚、认真、态度端正，而不是蛮横、无理取闹，学生应该感谢导师的指导，而不能认为这是导师的义务，等等。所有这些，都是完成本科毕业论文（设计）过程中学生应该知道和遵守的规矩，也是导师对学生进行思想教育的必要内容。对这些内容，学生不可不知，不可不遵守，导师不可不讲，不可不教育。同时，导师应该对规矩教育适当拓展，教育学生在社会上也要懂规矩、讲规矩，做任何事情都要讲章法。特别是大学生刚刚毕业走向社会时，需要学习和遵守的规矩很多，小到懂礼貌、谦虚谨慎、虚心请教、言行得体，大到遵纪守法、听从组织安排、遵守组织纪律、保守组织机密，等等。使学生通过本科毕业论文（设计）的完成，明白做人做事的道理，掌握行为方式的规矩，逐步使自己成熟起来，能够适应社会、立足社会，在自身工作岗位上勤奋工作、吃苦耐劳、兢兢业业，不断取得好的成绩，使自己成长为对社会有用的人才，对单位有贡献的人才，沿着"成长成人成才"的道路前进。

三、明义务

"义务"与"权利"是相对的概念，义务是指个体对他人或社会做自己应当做的事。一个人在社会生活中，需要履行各种义务，包括政治义务、经济义务、法律义务。所谓"明义务"，就是一个人在社会生活中要清楚地知道自己的义务是什么，并能做到正确地履行义务。

应用型本科毕业论文（设计）的完成，涉及很多主体，这些主体各自具有自身的义务：学校的义务是通过制定人才培养目标、计划、方案，明确本科毕业论文（设计）的实施过程，确保学校教学工作高质量推进；教学单位的义务是结合专业实际落实学校有关本科毕业论文（设计）的目标任务、标准体系和实施过程，确保本科毕业论文（设计）的高水平完成；导师的义务是按照学校、教学单位的有关规定，对学生进行认真指导，提高质量水平，确保本科毕业论文（设计）达到目标要求；学生的义务是遵守学校、教学单位的管理规定，接受导师的指导，积极主动与导师交流，按照导师的要求独立完成本科毕业论文（设计）。总之，本科毕业论文（设计）的完成，是学校、教学单位、导师、学生协调配合、共同推进的结果，任何一方的"不作为"都会导致本科毕业论文（设计）的质量水平、进度安排受到不同程度的影响，只有各方协同推进、主动积极作为，才能确保本科毕业论文按时保质保量完成。

应用型本科毕业论文（设计）的完成过程实际上也是对学生进行"义务意识"教育的过程，在这个过程中，一方面，从制度管理的角度上讲，学校、教学单位要通过一定的管理制度对学生所应完成的任务加以明确，对本科毕业论文（设计）各环节的质量标准与时间节点做出统一要求，明确"路线图""时间表"，即学生知道自己应该做什么、不应该做什么。学生应明确自身在完成本科毕业论文（设计）过程中的具体"义务"，明确在什么时间段应该做什么事，做到什么程度，也就是要明确目标任务以及质量要求，并积极主动完成。另一方面，从导师指导的角度上讲，指导教师要对学生进行思想教育、任务安排和学术指导，帮助学生全面了解和系统把握本科毕业论文（设计）的目的、意义、目标、任务、标准，明确各环节的任务要求及方法措施，等等，要培养学生的"义务意识"，使学生积极主动和正确恰当地履行自身义务。

作为学生而言，在完成本科毕业论文（设计）的过程中，自身要树立"义务意识"，增强履行义务的能力，按照学校、教学单位、导师的要求独立完成自己应该完成的各项任务，确保达到目标要求。在这个过程中，要认真进行思考和领悟，使自身的义务更明确，履行义务不留"死角"。要知晓在本科毕业论文（设计）的完成过程中，自己是"内因"，导师是"外因"，完成本科毕业论文（设计）是自己的分内之事，自己应该主动"作为"，而不能让导师催着自己"作为"。要积极主动而不是被动应付和拖延时间、降低质量。同时，通过完成本科毕业论文（设计），要由此及彼地进行自我反思和教育，要认识到做任何事情都有权利分配和义务分工，完成本科毕业论文（设计）是这样，做其他任何事情也是如此。在从事其他方面的工作的时候，首先要了解相关的政策、制度、文件等的规定和要求，对照要求明确目标任务；其次要全面掌握本项工作的实际情况，分析优势和问题，合理定位自身的工作要求；再次是要与领导、同事沟通交流，听取好的意见建议，进一步明确工作思路；最后是制定适当的工作方案，明确在任务完成过程中自身的具体义务、具体要求，明确工作流程和时间节点，确保任务圆满完成。在整个过程中，要牢固树立义务意识、责任意识、质量意识，培养自身高度的政治责任感，牢固树立大局观念，不能因为自身工作的缺陷而影响全局。在任何工作岗位上都应尽职尽责，全面正确履行义务，服务于全局工作。

总体而言，本章将应用型本科毕业论文（设计）界定为一门课程，从课程思政的角度，以"求真理、悟道理、明事理"为主线对应用型本科毕业论文（设计）课程思政功能进行了阐述，比较全面系统地阐述了应用型本科毕业论文（设计）课程思政育人体系。同时，由于本科毕业论文（设计）是学生从学校走向社会的过渡环节，因此，本章以本科毕业论文（设计）为契机和依托，比较全面系统地阐述了如何在本科毕业论文（设计）的完成过程中培养学生正确的专业观、职业观、学业观，培养学生悟学术之道、人生之道、社会之道，自觉践行社会主义核心价值观，培养学生的规则意识、规矩意识、义务意识、责任意识、大局意识，使学生能够在不同的工作岗位上做出卓越成绩，在自我实现的同时更好奉献社会，做一个对社会有用的合格人才，实现自我终身发展。

第二章　应用型本科毕业论文（设计）的育人机制

功能的实现有赖于机制的构建，应用型本科毕业论文（设计）育人功能的实现同样需要构建适宜的育人机制。机制原指机器的构造和工作原理，引申为事物各要素之间的结构关系和运行方式，应用型本科毕业论文（设计）育人机制主要指应用型本科毕业论文（设计）以怎样的结构、通过什么方式实现育人功能。本章在明确应用型本科毕业论文（设计）育人功能的基础上，主要探讨应用型本科毕业论文（设计）育人机制问题。主要内容大体分为三个部分：一是围绕专业的机制构建问题，即如何从专业拓展的角度探索应用型本科毕业论文（设计）育人机制问题，主要从选题、论证两个方面展开论述；二是围绕职业的机制构建问题，即如何从职业导航的角度探索应用型本科毕业论文（设计）育人机制问题，主要从创业设计、职业定向两个方面展开论述；三是围绕学业的机制构建问题，即如何从学业发展的角度探索应用型本科毕业论文（设计）育人机制问题，主要从学用一致、理实结合两个方面展开论述。

第一节　专业拓展机制

应用型本科毕业论文（设计）与学术型本科毕业论文（设计）的最大区别在于研究类型的不同，前者属于应用研究，研究成果主要服务生产实践，后者属于基础研究，研究成果主要指向知识创新。因此，应用型本科毕业论文（设计）在选题、论证等方面不仅局限于专业本身，而且应对接经济社会发展的现实需求，服务生产实践，因而更需要从专业拓展的角度进行专业应用研究，在选题、论证等环节向生产实践进行合理延伸，构建专业拓展机制，在专业拓展机制基础上进一步完善课程思政育人体系，实现课程思政育人功能。

一、开放的选题机制

选题就是选择一个题目进行研究，确定研究的方向和需要解决的关键问题。选题是本科毕业论文（设计）的首要任务，本科毕业论文（设计）的其他一切工作都是围绕选题展开的。

本科毕业论文（设计）是学生从学校步入社会的过渡阶段，因此，本科毕业论文（设计）的价值导向和育人指向，并不仅仅是使学生掌握专业知识、专业素养和专业能力，而且更重要的是使学生了解社会、认知社会和为走向社会做准备，目的是使学生毕业后能够更好地适应社会。

本科毕业论文（设计）的这一育人功能，首先从选题开始。选题的前提是发现问题，只有发现问题，才能进一步分析问题和解决问题。当然，这里所说的"问题"，是指"真问题"，而不是"假问题"，否则整个研究就失去了意义。所谓"真问题"，是指透过现象指向事物本质的问题，"假问题"是局限于事物表面而未触及本质的问题。真问题的发现并不简单，在某种程度上讲，"发现一个问题比研究一个问题更重要"，因为发现一个有价值的问题，本身就是重大创新。对于一个本科学生而言，发现一个有价值的问题并非容易的事情。应用型本科毕业论文（设计）的选题应主要围绕产业技术需求而展开，在专业与产业的结合点上寻求适宜的选题，研究成果用以服务产业技术改进或产业转型升级。可见，应用型本科毕业论文（设计）的选题应以产业为导向，构建开放的专业拓展机制。这一机制的构建，可以帮助学生在掌握专业基础知识的基础上，进一步了解专业的应用情况，了解产业的生产经营状况及核心技术，培养自身理论联系实际的能力，并在这个过程中使自身的各项素质得到锻炼和提高，在导师的指导下逐步成长，思想水平和人文境界得以拓展、升华。开放的选题机制主要围绕产教融合这一主线而展开，在产教融合的过程中达到专业拓展的效果，实现选题与生产实践的紧密对接。

（一）产教融合

产教融合是应用型人才培养的根本途径。产教融合就是产业与专业对接，将产业的需求融入人才培养过程之中，培养适应产业发展需要的合格人才。应用型本科毕业论文（设计）除了关注专业自身以外，还要关注产业的需求，了解产业发展状况，根据专业和产业的融合情况，在二者的结合点上进行选题。

产业是指有利益相互联系的、具有不同分工的、由各个相关行业所组成的业态总称。产业是社会分工和生产力不断发展的产物，它随着社会分工和社会生产力的产生而产生，并随着社会分工和社会生产力的发展而发展。应用型本科毕业论文（设计）的完成，需要学生在掌握专业知识的基础上，充分关注产业的具体状况，了解产业运营的内部机理、关键技术、存在的问题及发展前景，等等。基于专业拓展的开放的选题机制，需要围绕以下几个环节加以构建，以便让学生了解产业、分析产业和解决产业存在的问题。

1. 拓展让学生了解产业原理的渠道，引领学生在产业原理方面进行选题

原理通常指某一领域、部门或学科中具有普遍意义的基本规律。所谓产业原理，是指某一产业从事生产实践所依据的基本理论、关键技术以及由此产生的核心竞争力等的总称。

让学生了解产业原理，就是让学生认识与了解产业生产的基本原理、核心技术和生产效益，了解产业运行的基本规律、特点与机制，以便学生能够将专业与产业有机衔接起来进行选题和研究。让学生了解产业原理，一是要让学生了解产业的生产原理。一个产业，生产什么产品，经营什么业务，这些产品或者业务是依据什么原理生产的，是在什么原理的作用下得以实现的，这些问题就涉及产业的生产原理问题。了解产业的生产原理，是了解产业生产的源头，是从根本上了解产业的生产路线。只有了解了产业的生产原理，才会真正了解产业的生产路径与经营效益，也才能够了解产业的其他一些问题。了解产业的生产原理要和专业理论结合起来，将专业理论与产业原理进行对接，分析二者的结合点。二是知晓产业的核心技术。原理是产业的根本，技术是根据原理设计的，但技术则是产业生存发展的关键，一个产业的生产、效益、发展都是靠技术维持的，技术是产业运行的最关键因素。一个产业的发展需要很多技术，但核心技术是产业运行的关键，所谓了解产业技术主要就是指了解产业的核心技术，其他技术都是依据核心技术延伸出来的。了解核心技术就是要了解支撑产业运行的关键技术，要将产业的核心技术与专业技术联系起来，分析专业技术与产业技术的异同与转化，分析专业技术的应用条件以及在不同产业的应用路径，明确专业技术与产业核心技术之间的联系。三是了解产业的运行机制。在产业原理的作用和产业核心技术的支撑下，产业会按照一定的规律运行，不同的产业具有不同的运行规律和运行机制。了解产业的运行机制才能更具体地了解产业的实际状况，知晓产业从生产到销售的整个系统的运营。要将企业的运行机制与专业知识结合起来，分析产业运行背后的专业机理，知晓产业运行的机制与路径。

在了解产业原理的基础上，发现产业原理方面存在的问题，是本科毕业论文从产业原理这个角度进行选题的关键。发现产业原理方面存在的问题，主要

是指发现产业运行所依据的基本理论（规律）、技术体系以及成本成效等方面存在的问题。首先是基本理论（规律）层面的问题。毫无疑问，产业的发展是为了满足经济社会发展需要，但产业的发展不是盲目的、自发的，而是遵循客观规律的和自觉的，产业发展必须借助科学的理论（规律），没有科学理论（规律）支撑的产业注定是没有发展潜力的。那么，产业所依据的基本理论（规律）是否正确，就成为需要全面深思和系统求证的问题。一般而言，要考虑基本理论（规律）的正确性，这是基本前提。其次要分析理论（规律）的系统性，但凡支撑一个产业，其理论（规律）基础往往不是单一的，可能是多维的，因此，就有必要分析支撑产业的基本理论（规律）是否全面，是否组成一个系统的体系，尚缺少哪方面的理论（规律）或哪些理论（规律）是不必要的，这些理论（规律）如何优化组合，等等。其次是技术体系层面的问题。这是理论（规律）的延伸，因为技术是理论（规律）延伸出来的。考察技术层面的问题，实际上就是考察产业在依据理论（规律）进一步将理论（规律）具体化为技术以及从事生产活动的过程，主要应关注产业技术的可行性和系统性。所谓可行性，就是考察支撑产业发展的技术的科学性、合理性和必不可少性。只有成熟的技术，才能稳定地支撑产业的生产活动，而任何一项成熟的技术都必须经过无数次的论证和验证，具有科学性。具有科学性的技术往往需要借助媒介融入产业的生产活动，这种融入的过程需要根据产业的特点来进行，融入合理的技术才能有效支撑产业生产活动。就某一产业的生产活动而言，最需要的往往是关键技术，因此，要善于分析关键技术与辅助技术的本质区别。再次是成本效益层面的问题。由理论（规律）到技术再到效益是产业经营活动的主线，尽管技术和效益不属于理论（规律）本身，但技术和效益是由理论（规律）延伸、开发出来的，因此属于产业原理的范畴，对产业效益的考察，其实可以折射出产业原理方面的问题。考察产业的效益问题，需要从产业的投入、运行过程、产出等环节综合分析，突出产业的价值性，在这方面的充分论证往往决定一个产业的改革和去留的问题，为产业主管部门提供必要参考。对产业效益的分析，也可以进一步反观产业技术层面、理论（规律）层面存在的问题，为产业的调整、改革服务，促进产业自我完善与发展，逐步实现产业步入良性循环状态，提升产业核心竞争力。

在把握产业原理、发现原理问题的基础上，从产业原理的角度进行选题，是应用型本科毕业论文（设计）选题的一个重要类型。根据产业原理进行选题，需要注意把握以下三个方面的基本关系。

（1）产业原理与产业运行的关系。原理与实践应该是互相匹配的，产业应该以产业原理为指导,在产业原理的作用与支配下健康运行。如果产业原理与产业运行存在偏差,则产业在运行过程中容易出现偏离正常轨道的情况,这个时候需要加强对产业原理与产业运行匹配度的研究,使二者呈正相关。一是考察产业原理是否是产业运行真正的理论基础,产业原理在产业运行中是否真正起到了应有的指导作用;二是产业运行对产业原理的需要是一维的还是多维的,产业运行是否需要追加产业原理,是否在产业发展过程中适当取消过时的产业原理;三是产业原理的体系与产业运行机制是否吻合,理论与实践紧密结合的产业原理体系如何优化与改进。

(2)产业原理与产业技术的关系。产业技术是产业发展的直接推动力,产业技术也是源于产业原理(理论)而开发出来的,是产业原理(理论)的具体化和实际应用。围绕产业技术进行本科毕业论文(设计)选题,一是要考察产业技术的理论基础,产业原理是否支撑产业技术的开发,产业技术是否源自产业原理,二者之间是怎样的匹配关系,是否存在矛盾或偏差;二是考察产业原理与产业技术的体系匹配关系,根据既有的产业原理,是否还可以研发出更多的产业技术,已有的产业技术是否需要新的原理(理论)来支撑,即产业原理与产业技术体系之间有何逻辑对应关系。三是根据变化了的产业需求,不断研发新的产业技术,推动产业持续发展。同时,这种新开发的产业技术,又推动着产业原理不断完善,二者相互影响、相互促进。

(3)产业原理与成本效益的关系。企业以追求效益最大化为目的,成本效益是企业的重要关注点。成本效益不仅受市场等生产要素的影响,从根本上说成本效益是产业原理发生作用的结果。因此,需要研究产业原理与成本效益之间的内在关系,优化二者的匹配关系。重点应该考察产业原理的科学性、导向性与产业化路径,同时,在产业原理基本确定的前提下,也应该考察成本效益与产业原理的线性关系,考察如何在产业原理的支撑和引领下提高成本效益的问题,考察成本效益的各种影响因素,分析市场的干预程度,等等,以此进一步明确隐藏在各种影响因素背后的产业原理与成本效益的内在联系,从而引领产业健康稳定发展。

2. 拓展让学生了解产业技术的平台,引领学生在产业技术方面进行选题

产业技术是产业部门进行生产运作的基本依靠,也是产业部门核心竞争力的具体体现,好的产业技术可以为产业部门提高效益、创造更多利润,反之则会影响产业部门的正常运行和经济效益。了解产业技术,就是要懂得某一产业进行生产活动所依赖的关键技术,明白产业运行的内在逻辑,知晓产业技术的应用前景。学生在掌握专业理论、专业知识、专业技能的同时,应该熟悉与本

专业相关的产业部门的运行机制，了解产业部门的技术体系，明白技术体系的应用过程及潜在价值，以便于将专业知识与产业运行紧密结合起来。应用型本科毕业论文（设计）围绕产业技术进行选题，不仅是对专业知识的综合运用，具有理论意义，而且可以为产业部门提供技术支撑，具有重要的实践价值。围绕产业技术进行选题的前提是了解产业技术，把握产业技术的体系和机能。一是要了解产业技术的运行机理。要懂得产业技术与生产经营的内在关系，分析产业技术在生产实践中发生作用的内在机制，明确产业技术的核心作用，明确基于技术支撑的产业部门的生产原理。二是要了解产业技术的关键作用。产业技术包括核心技术和辅助技术，核心技术是产业生产实践所依靠的关键技术，是产业部门核心竞争力的体现。辅助技术是产业生产实践必要的技术，是服从和服务于核心技术的。核心技术和辅助技术构成了产业技术的有机整体，这些技术对于产业部门的生产实践是至关重要的，可以说，每一项产品都是在采用若干技术的基础上生产出来的，没有产业技术，产业部门就无法生产和生存。三是要了解产业技术的改进方向。技术是不断进步的，产业技术也应该随着产品的更新升级不断更新换代。要在专业学习的过程中不断关注产业技术的新动向，关注市场对产品质量的需求，关注社会对产业技术的需求，并结合产业实际提出产业技术改革的方向，针对市场需求加强对产业技术的创新。本科毕业论文（设计）围绕产业技术进行选题，重点需要关注产业技术改革的趋势、方向以及与现实产业技术之间的差异，围绕市场需求凝练产业技术改革的目标、重点、主线及要求，结合专业特点加以提炼，形成相对完整、切块合理、难易适中、具有理论意义与实践应用价值的研究课题，紧密围绕市场需求和产品升级需要，在理论指导和原有技术层面上探索创新，形成具有创新性的产业技术研究成果，为产业部门提供强有力的技术支撑。

3. 拓展让学生知晓产业前沿的机会，引领学生在产业前沿方面进行选题

产业是随着社会需求的变化而不断发展的，市场的驱动以及行业竞争也是推动产业发展的外在动力。作为产业部门，应该不断开拓创新，才能在市场竞争中立于不败之地，逐步提高产品竞争力和抗风险能力。应用型本科毕业论文（设计）围绕产业前景进行选题，学生不仅应该了解产业的运行状况、技术需求，也要了解产业的未来发展方向，了解产业的前沿状态，把握产业的发展趋势，了解产业发展前沿对核心技术的需求。

了解产业前沿，一是要了解产业的发展动态，了解产业的国内外发展状况，掌握最前沿的发展情况，分析产业的技术更新状况，总结产业的发展特点与内在规律，综合研判产业的发展趋势。对产业前沿状态的把握需要结合专业

知识，使专业知识与产业发展紧密对接与融合，在产业发展中理解专业知识，在专业知识的掌握中分析产业发展，实现二者的有机结合。二是要了解产业发展对科学技术的需求状况。产业的发展靠技术，技术的进步推动产业发展，二者相互促进。懂产业的前沿状况，核心问题是了解产业的前沿技术。要结合专业理论与产业发展状况，综合分析产业发展前沿对科学技术的需求状况。了解与掌握产业前沿技术应该与专业知识结合起来，做到理论与实践紧密结合。这方面的选题属于探索性研究，为产业发展提供咨询服务，促进产业加强对关键技术的研发，前瞻性地拥有科学技术，提升产业部门的综合实力和市场竞争力。三是了解产业发展对人才素质的需求。产业的发展，技术是支撑，人才是关键，人才是技术的载体与研发者。要了解产业发展前沿对人才类型与规格的需求，了解产业发展前沿需要具有什么素质与能力的人才，了解产业对领军人才、管理人才、技术人才、一线人才各有什么要求，这些人才应该具备什么样的基本素养、知识结构和能力水平，如何培养这样的人才，等等。四是了解产业风险的规避。任何产业都具有两面性，在为社会发展带来"红利"的同时，也往往伴随着对社会发展的不利影响，在发展过程中会产生一些风险。如何克服不利因素、使产业沿着对社会发展有利的方向前进，是产业发展前沿需要研究的问题。如产业发展过程中的环境保护问题、产业风险控制问题、产业发展引发的社会伦理问题、产业发展对社会文化的影响，等等，都是需要了解和把握的。

在了解产业前沿的基础上，要善于进一步发现和分析产业前沿方面存在的问题，进而根据存在的问题做出本科毕业论文（设计）的选题。这方面的研究对产业发展往往具有引领性和创新性，以及重要的实践指导意义。围绕产业发展前沿问题进行选题，首先就是明确要研究的问题，即发现产业发展前沿存在的问题。一是发现产业发展前沿对技术的需求问题。产业发展需要技术支撑，产业发展前沿究竟对技术提出了怎样的需求，是产业发展前沿实现的根本问题。要加强这方面的了解与分析，分析产业现状与产业前沿的关系，把握产业发展前沿对技术的需求状况，了解有哪些核心技术需要突破，哪些传统技术要被淘汰，了解新技术研发的状况以及存在的困难、研发的周期、技术转化的周期，等等，以便对产业发展前沿有深入的认识和了解。二是发现产业发展前沿对人才的需求问题。产业发展对人才的需求是动态的，随着产业的不断发展，产业对人才的需求越来越高端，一些传统产业的用人模式逐步被淘汰。了解产业发展前沿对人才需求的目的是为适应产业发展前沿需要、改革应用型高校的人才培养模式、培养产业发展前沿所需要的合格人才。因此，要在了解产业发展前沿对技术需求的基础上,进一步了解产业发展前沿对人才规格的需求,把握人才类型、人才特点及其知识结构、能力水平,等等。必须明确,应用型高校人才培养具有一定周期,人才培养往往滞后于产业发展需要,因此,要善于发现应用型高校在产业发展前沿对人才需求方面的不足,创新人才培养模式,按照产业发展前沿的需求改革既有的人才培养模式,前瞻性地改革人才培养模式,适应产业发展前沿的需要。三是发现产业发展前沿对管理模式提出的新要求。产业升级必然对管理模式提出新的要求,管理模式只有适应产业发展需要才能发挥更好作用。因此,要充分了解产业发展前沿在管理模式方面的新要求,以及如何改进既有的管理模式才能适应产业发展前沿的新需求,了解既有管理模式的不足以及改进的方法,提出管理模式改革的新思路、新措施、新办法。作为毕业论文(设计)的选题,在管理模式方面应该立足小范围、具体化,不宜过于笼统和宽泛,要使研究能够深入下去,能够有所创新,在产业发展前沿方面真正发挥作用,创造效益。要进一步了解产业前沿在管理模式创新方面存在的实际困难,以便在问题解决方面进行系统性探索,提出可行性方案。要注重对关键问题的把握,加强对管理模式创新的理论基础的认知,从宏观背景上关注管理模式创新问题,以便确保管理模式创新的科学性、合理性,更好地服务于产业发展前沿。

(二) 选题与生产实际相结合

在充分了解与把握产业机理的基础上,选题要以专业为基础、面向产业生产实际,针对产业生产实践的现实需要,这样的选题才具有应用价值。因此,应该构建应用型本科毕业论文(设计)开放的选题机制,让学生走出校园,面向经济社会需求,通过社会调研或深入企业寻找适宜的选题。

1. 跟踪产业需求

加强与产业部门的联系,动态关注产业需要研究的问题,不仅可以解决产业遇到的实际问题,也可以为学生选题提供指南。这样的选题来源于生产实践中遇到的关键问题,有具体的实践背景,具有一定的实用价值。

一是鼓励学生进入企业实习,使学生通过亲身实践经历和观察,根据生产实际情况,结合自身兴趣选出有关企业生产、管理、开发一线的新课题,这样的选题具有较大的实用性和应用性。二是鼓励专业教师深入企业调研、观察,了解专业领域最新发展动态和生产实际需求,与企业工作人员共同确定选题内容。三是企业发布需要研究问题的信息。企业结合生产、管理一线的实际情况初步拟定还未解决的实践问题的课题信息,加强与高校合作,组织学校的专家对企业提供的需要研究的问题进行审查，使需要研究的问题更加符合应用型高校的教学要求和学生实际能力，在此基础上拟定企业的课题信息，通过企业（学校）网站或报纸杂志进行发布，让学生结合自身实际进行本科毕业论文（设计）的选题。以便本科毕业论文（设计）真正解决生产实践中的实际问题。

2. 鼓励学生自主选题

大多数学校本科毕业论文（设计）的选题采用教师拟定、学生选择的方式，这种模式具有较大的约束性，可供学生选题的范围比较狭窄，内容相对陈旧，忽视学生的实际情况和个人兴趣，学生的积极性不高，学生实际想选的题目选不到，能够选择的大多是学生无兴趣的题目，这样的选题无法体现学生的个人能力水平，限制了学生创新能力的发展。因此，要注重学生在本科毕业论文（设计）选题过程中的主体性地位，鼓励学生自主进行选题，教师进行必要的指导。学生自主选题可促使学生善于观察和分析思考，善于发现实际存在的问题，从实际生产活动中获得选题灵感，充分调动学生主观能动性、积极性和创新热情。学生不仅仅将毕业论文（设计）当作一项任务完成，而是自身能力的展示、训练思维的方式和创新活动。如此，学生的个性和创新思维才能得到充分发展。

二、多元的论证机制

论证是作者运用论据证明论点的逻辑过程和方式，具体而言，论证就是用一个或一些真实的命题确定另一命题真实性的思维形式。论证是贯穿本科毕业论文（设计）始终的主线，从开始选题到答辩结束，本科毕业论文（设计）的每一个环节都充斥着"论证"的成分，从广义上讲，分析也是论证的过程。可以说，论证是确保本科毕业论文（设计）方向正确、内容科学、结论有创新性和实用性的根本保障。因此，论证很重要。但是，论证的过程不应是单一的或单向的，单一的或单向的论证往往导致论证内容上的偏激或方向上偏离本科毕业论文（设计）的主题，正所谓"兼听则明，偏听则暗"，只有多元的或多向的论证，才能保证论证的科学性、合理性，从而保证本科毕业论文（设计）的高质量、高水平。构建多元的论证机制是提高本科毕业论文（设计）质量水平的关键。应用型本科毕业论文（设计）应根据自身特点和规律，结合课程思政的需要，构建多元的论证机制，在确保本科毕业论文（设计）质量水平的同时，增强课程思政育人功能，促进本科毕业论文（设计）育人。

（一）推行"双导师"制，构建产教融合育人体系

从研究类型上看，应用型本科毕业论文（设计）属于应用研究的范畴，主要围绕产业技术需求进行开发研究，其宗旨在于为产业发展提供新技术、新设计、新流程、新模式，服务产业发展和转型升级。因此，应用型本科毕业论文（设计）需要兼顾专业、产业两方面的问题，围绕专业、产业两方面的问题进行选题和研究。同时，面对应用型人才培养的实际需要，需要从专业、产业两条主线对学生进行指导，在提高本科毕业论文（设计）质量水平的同时，强化本科毕业论文（设计）课程思政育人功能，培养学生的学术素养、学术品质，提升学术研究能力，培养学生理论联系实际的能力和水平，培养学生多方面的人文社会素养，使学生学会学习、学会生存、学会发展、学会与人相处、学会交流合作，促进学生全面发展，在毕业后能够适应社会、胜任岗位工作，逐步成长、成人、成才，实现自我人生价值，在实现个人发展的同时，做到服务社会、奉献社会，为社会发展做出自身应有的贡献。根据以上育人目标，对应用型本科毕业论文（设计）的指导，应推行"双导师"制。所谓"双导师"制，就是指为应用型本科院校学生完成本科毕业论文（设计）指定两位指导教师（导师），一位是校内专业教师，一位是校外来自产业的指导教师，由两位指导教师共同完成对学生本科毕业论文（设计）。校内导师主要侧重于专业理论方面的指导，来自产业的导师侧重于在生产实践技术问题的指导，这样，既保证了本科毕业论文（设计）的专业理论水准，又兼顾了本科毕业论文（设计）侧重解决产业技术问题的需要，最终保证了本科毕业论文（设计）的学术水平和应用价值。

1. 校内导师的遴选

总体上讲，应用型本科毕业论文（设计）的校内指导教师，不仅要有扎实的理论基础、从业的基本素质和培养应用型人才的能力，还要有较丰富的实践工作背景、指导实际工作和服务社会的能力以及应用科学研究、产学研合作和科技成果转化的能力。

具体来讲，校内导师应具有以下能力：（1）比较完善的以应用为核心的知识结构。本科毕业论文（设计）的指导，首先需要具备丰富的专业理论知识。不仅具有宽厚的专业基础知识，同时还要具有扎实的行业实践知识。这样的教师应具有终身学习的能力，能够适应信息化时代知识结构迅速变化的形势，加快知识更新的深度和速度，及时掌握在实际操作中不断升级的新技术及其应用，不断优化自身知识结构。（2）较强的专业应用能力。应用型本科毕业论文

（设计）重点在于培养学生将所学专业理论知识综合应用于解决某种实际问题的能力，为此，指导教师首先应具备较强的专业应用能力，教师必须熟悉演示、实验、操作等多种技术手段的综合运用，能够熟练地将专业知识运用到实际中去，同时要善于观察、接受行业最新发展状态、信息，及时了解用人单位对应用型人才的要求，掌握市场需求，思考专业知识在实际运用过程中可能产生的问题，进而探索解决问题的方案，提高专业应用能力。提高应用研究的能力，能够通过行业发展的动态开展针对性强的科学研究，通过产学研平台，扩大与企业的合作研发。

2. 校外导师的遴选

应用型本科毕业论文（设计）的选题主要来自行业的实际需求，体现了由专业向生产实践的延伸，拓展了研究视角与研究内容，因此，在指导环节上，仅靠校内指导教师，无论在时间、精力还是教师能力水平上都无法保证高质量完成本科毕业论文（设计）。校外指导教师由于长期身处生产一线，实践性强，掌握先进生产技术，可以很好地补充校内指导教师力量的不足，从而改变本科毕业论文（设计）指导教师队伍单一、指导针对性不够的状况。校外指导教师可以是企业的工程技术人员，也可以是机关事业单位的管理人员，或社会知名人士，等等，对他们的总体要求是：有一定的业内专长、丰富的实践经验、较高的管理水平，熟悉生产一线的实务，具有较高的学术（技术）思想表达能力和指导能力，等等。在遴选校外指导教师的基础上，学校应加强与企业的联系，成立由校内指导教师和校外指导教师代表组成的"指导委员会"，加强对本科毕业论文（设计）的联合指导和评审，对本科毕业论文（设计）各环节进行全程化、跟踪式指导和评价，确保本科毕业论文（设计）的学术水平和应用价值。"指导委员会"应加强对本科毕业论文（设计）指导的协调与组织，针对指导过程中发现的实际问题，定期召开研讨会，提出问题解决的具体办法措施，及时纠偏，加强实践环节和技术水平的指导，体现本科毕业论文（设计）服务企业生产实践需要的宗旨。

（二）在生产一线开展研究，提高产教融合育人功能

应用型本科毕业论文（设计）注重学生实践能力的培养和理论联系实际的能力，注重专业与产业的协同研究。本科毕业论文（设计）的选题来源于生产实践中的实际问题，论文的成果也要应用到生产实践中去，因此，研究过程只有在生产一线完成，才能兼顾专业与产业的融合，更好地服务生产实践的现实需要。

本科毕业论文（设计）在生产一线完成有利于学生实际能力的培养，有利于真正解决生产实际中的实际问题。本科毕业论文（设计）的完成与生产实践紧密结合，更加体现研究过程的实践性、应用性和现实价值。在"真实的工作环境"中，学生身临其境，能够更直观地体验生产一线的生产实际。本科毕业论文（设计）真题真做，研究的问题更加具体化，因此学生对研究的问题更容易产生浓厚的兴趣。同时，学生在亲自动手实践的过程中，在教师的引领和帮助下，不仅能够提高调查研究、科学分析的能力，提高自主探究、自主思考、综合分析问题的能力，而且可以提高独立发现问题、分析问题和解决问题的能力。在与生产一线人员的交流合作中，能够提升学生的人际交往能力和职业素养。

本科毕业论文（设计）在生产一线完成有利于学生职业能力的培养，与应用型人才培养的目标相契合。学生的本科毕业论文（设计）在生产一线完成，与毕业实习相结合，在这一过程中，学生可以提前体验到生产一线的工作环境，接触到真实的生产实践过程，不仅能够加深对岗位职业的了解，也能够锻炼团队协作能力、组织协调能力和沟通交流能力，从而有助于整体提升学生的职业能力素养，学生在求职过程中就会表现出明显的优势。同时，本科毕业论文（设计）本身也是学生独立进行科研工作的一种形式，独立工作能力的提高为学生今后走上工作岗位奠定坚实基础，使其能够在毕业后更快更好地投入到实际工作之中去。

第二节 职业导航机制

对大多数的学生来说，应用型本科毕业论文（设计）是他们从学校走向社会的过渡环节，本科毕业论文（设计）承上启下，在承担学术育人功能的同时，也承担着培养学生职业综合素养的重要功能，发挥着职业定向的关键作用。学生通过完成本科毕业论文（设计），可以广泛接触社会，深入生产一线，了解经济社会发展需求和对职业岗位的要求，从而明确自身的职业方向。为此，从本科毕业论文（设计）育人的角度上讲，需要构建职业导航机制，发挥应用型本科毕业论文（设计）职业定向功能。职业定向就是为学生的职业发展指明方向、明确目标，以便使学生能够沿着正确的道路、遵循科学的策略前进，不断实现自己的职业理想。职业导航机制包括两个层面的内容，一是通过本科毕业论文（设计），使学生能够进行创业设计，产生创业的设想，形成创业的能力，达到创业的要求；二是通过本科毕业论文（设计），使学生能够进行职业定向，形成就业的意识，培养职业能力，具备职业发展的素养。

一、创业设计

如上所述，应用型本科毕业论文（设计）与毕业实习往往是合并执行的。学生在毕业实习的过程中，在生产一线完成本科毕业论文（设计），这就为学生创业提供了方便和机会。事实上，应用型本科毕业论文（设计）从选题、调研、文献分析到论证、答辩、成果应用，与创业的整个过程十分相似，创业也是一个选择项目、市场调研、查阅资料、分析论证、可行性答辩以及付诸实施的过程，二者在目标任务、策略、路径、结果等方面具有可比性，学生可以将本科毕业论文（设计）的完成过程当作一次创业训练的机会，体验创业的过程，以虚拟创业的方式为实现成功创业奠定思想、知识和能力基础。因此，通过本科毕业论文（设计），要培养学生的创业设计能力，为学生职业生涯规划和最终实现职业理想做准备：一是要在本科毕业论文（设计）中有意识地融入创业的元素，模拟创业的过程，培养学生创业意识与能力；二是探索性地将本科毕业论文（设计）成果转化为创业意向书，评估创业的效果，培养学生创业品质与综合素质。

（一）在本科毕业论文（设计）中融入创业的元素

创业是创业者通过努力对能够拥有的资源进行优化整合，从而创造出更大经济效益或社会价值的过程。本科毕业论文（设计）作为本科生最后阶段的教学环节，不仅是其在校期间学习成果的集中体现和应用展示，同时也对学生的创业和职业发展具有导引性作用。二者在目标任务、实施途径等方面具有高度的一致性，在本科毕业论文（设计）的完成过程中培养学生的创业能力，具有必要性和可行性。

1. 将创业项目融入本科毕业论文（设计）选题

由于本科毕业论文（设计）与创业过程的相似性，可以将本科毕业论文（设计）与创业一并实施，以便培养学生各方面的综合素质。在本科毕业论文（设计）的选题上，有倾向性地反映学生的创新意识和创造性需求，使学生能够将创业的观念、思路、设想与本科毕业论文（设计）的选题一并思考和设计，并寻求指导教师的支持和建议。一是在毕业实习的过程中，学生要将接触到的生产一线情况进行分析，通过与技术人员的交流与学习，将专业知识与生产实践紧密结合，思考与设计具有创业因素的本科毕业论文（设计）选题；二是在参与教师的科研项目中思考选题意向。教师的研究项目一般都具有较高的理论意义与应用价值，具有前瞻性和导向性，在跟随教师进行研究的时候，一方面要学习教师的科研思维、科研方法和创新意识，另一方面也要进行自我反思，在与教师的交流合作中获得启迪，从教师科研项目的某一侧面进行设计，作为本科毕业论文（设计）的选题；三是在各类创业大赛项目中进行本科毕业（设计）的选题。校级、市级、省级、国家级创业大赛的题目往往都具有很好的实用价值和创业导向，这些大赛的命题越来越贴近时代发展的需要和生活的需要，学生在参赛过程中不仅锻炼了创造能力，培养了一种团队合作、与时俱进的开拓精神，更为重要的是，可以在参与各类大赛的过程中善于将大赛主题与本科毕业论文（设计）的选题紧密结合起来，并在教师对大赛的指导过程中不断修正选题，使选题兼顾本科毕业论文（设计）与创业的要求。

2. 在完成本科毕业论文（设计）的过程中培育创业能力

对于应用型人才培养而言，本科毕业论文（设计）的过程实际上也是创业实践的过程，二者在目标、任务、措施等方面高度趋同。本科毕业论文（设计）既体现了学生的学业基本素养，也体现了学生创造能力和实践水平。同时，对本科毕业论文（设计）过程的监控，一方面是为了督促学生学术研究的质量与进程，另一方面也是为了督促学生高水平创业。学生要按照学校有关本科毕业论文（设计）的制度开展相关的工作，确保本科毕业论文（设计）各环节所提交材料的规范化和质量水平，以便学校掌握基本情况，针对存在的问题及时纠偏。在这个过程中，指导教师应加强对学生创业意识、创业能力、交流合作、实地调研等方面的跟踪指导。

一是在团队建设中培养学生的创业能力。本科毕业论文（设计）的完成，需要借助团队的力量，是团队成员之间互相交流合作的结果，构建结构合理、运行高效的工作团队是完成本科毕业论文（设计）的必要条件。学生应根据选题情况，以选题为中心组建本科毕业论文（设计）小组，开展合作研究。指导教师应加强指导，促进小组成员之间的交流与合作，共同完成本科毕业论文（设计）。在这个过程中，学生收获的不仅是研究能力的提升，也是创业能力的提升。团队成员之间的互相交流、思想的碰撞，促进成员对所关注的问题进行发散式思维，有利于创业意识的形成。小组成员共同研究、分析资料、得出结论的过程，往往也是创业思路形成的过程，学生的创业能力在研究过程中逐步得到升华。

二是在过程管理中培育学生的创业意识。本科毕业论文（设计）环节多、周期长，是一项系统化的工作，涉及选题、任务书、资料查阅、调查分析、写作过程、答辩等环节，需要学校管理部门和指导教师的层层把关和监管。对这些环节监管的目的，一方面是为了充分调动学生的主体性、主动性，确保本科毕业论文（设计）顺利推进，确保质量水平，另一方面是为了培养学生的创业意识，引领学生在完成本科毕业论文（设计）的过程中，萌生创业的意识，将学术研究的成果打造成为创业的基础，使学生自我评估创业的必要性与可行性，从而激发学生创业的动力。通过过程监控，要促进学生进行反思：研究过程是否有效？研究成果要达到什么程度？还存在哪些问题？对研究过程需要进行怎样的改进？这一系列的思考和问题会考验学生本科毕业论文（设计）的有效度。因此，将本科毕业论文（设计）与创业教育相结合，有助于培养学生创业的综合素质，有利于学生将本科毕业论文（设计）的学术研究与职业自我设计联系起来，能够理论联系实际，培养学生的探究精神和适应社会的能力。

三是在成果评价中激发学生的创业动机。本科毕业论文（设计）的每一个环节都具有评价的功能。对本科毕业论文（设计）各环节的评价有助于激发学生的积极性和参与度，客观公正的评价，也有助于培养学生自我实践的自信心和原动力。以往的评价大多是终结性的，主要是通过答辩的形式给出，忽略了对过程评价，忽略了从事研究的主体的关注，实际上失去了评价的激励作用。因此，为培育学生从事本科毕业论文（设计）和创业的双重积极性，对本科毕业论文（设计）的评价应该实现两个根本性转变：一是实现对本科毕业论文（设计）评价从"终结性评价"到"过程性评价"的转变，对本科毕业论文（设计）各个环节的质量水平都应给予实事求是的评价，对存在的问题进行比较到位的指导，逐步培养学生的各项能力，引领学生逐步成长；二是实现从"成果关注"到"人本关注"的转变，弱化评价结果的意义，突出人自身的作用，增强学生的自我认同度和主体作用发挥，实现多元化、互动式评价模式，从导师评价、项目来源单位评价，到小组成员评价、成果去向单位评价，构建开放的评价体系，使学生在多元、互动评价中不断改进，不断探索，不断提升自身综合素质，激发创业动机，为实现成功创业做好准备。

（二）将本科毕业论文（设计）成果转化为创业意向书

本科毕业论文（设计）的价值在于成果的应用，应用型本科毕业论文（设计）的价值更在于将研究成果转化为产业效益，而不是束之高阁。总体上讲，成果转化可以分为两个阶段：一是将研究成果设计为创业意向书，二是将研究成果转化为产业技术，实现经济效益。就培养创业能力而言，主要在于第一种转化，事实上，两种转化是互相联系的：第一种转化是第二种转化的"演习"，是为第二种转化服务的；第二种转化是对第一种转化的深化，是第一种转化的最终实现。

将本科毕业论文（设计）转化为创业意向书实际上是对本科毕业论文（设计）价值的自我检验与评价的过程，是学生对研究成果转化情况的自我考量，也是对本科毕业论文（设计）转化为产业效益的可能性、可行性进行探索的过程。在这个过程中，学生按照创业（商业）计划书的形式，尝试性地将本科毕业论文（设计）研究成果进行再设计，形成创业（商业）计划书，这有助于学生创业能力的培养。由于创业是一个复杂的过程，需要知识和能力的准备，学生在设计创业（商业）计划书的过程中，需要查阅大量的相关资料，向指导教师、商业部门、法律部门进行咨询，按照相关研究进行设计。同时，由于本科毕业论文（设计）的研究成果属于学术性研究成果，距离创业（商业）行为尚有很大的差距，属于性质不同的文本，因此，在将本科毕业论文（设计）转化为创业（商业）计划书的时候，有些内容不能照搬照抄，需要加以转化，重点提炼成果的应用性内容，对于研究成果的过程性材料予以省略。而对于成果中具有应用性的内容，还要充分考虑转化的可能性有多大，理论上与实际上的可行性有多大，还需要解决哪些问题，需要按照创业活动各环节的要求进行合理化"改造"，突出实用、效益与效果。

在将本科毕业论文（设计）转化为创业意向书的过程中，学生需要综合评估本科毕业论文（设计）研究成果的商业价值，需要将研究成果与商业计划紧密对接，按照商业活动的相关要求进行规划和设计，是一个将理论成果转化为创业活动的过程，对于培养学生的创业能力具有重要意义。

二、职业定向

应用型本科毕业论文（设计）强调与生产实践相结合，以解决生产实践中存在的实际问题为重点，主要在生产场景中进行研究，这就为学生了解产业提供了方便，学生能够在完成本科毕业论文（设计）的过程中对经济社会发展、产业需求和生产一线的运营情况进行比较全面深入的认识和了解，在此基础上，学生对自身专业的职业需求和前景能够有比较客观的把握，这就为学生的职业定向提供了可能，也为学生的职业发展奠定了基础。学生在完成本科毕业论文（设计）的过程中，逐步将专业能力转化为解决产业需求的能力，继而将解决实际问题的能力转化为职业发展能力，以产业为中介，实现了以"专业—产业—职业"为主线的能力转换，在求专业真理的过程中悟产业之道，在悟道理的过程中明职业之理。

（一）了解职业的社会需求

社会需求是应用型高校专业建设的依据，也是学生就业的重要参照。学校根据经济社会发展需求状况，有针对性、前瞻性地设置专业，目的就是为了适应经济社会发展的现实需求，学生就业也理应满足和实现专业设置的初衷，这一方面需要在学校的专业人才培养方案和计划中进行教学落实，另一方面需要本科毕业论文（设计）环节的具体落实。本科毕业论文（设计）应以此为导向，构建良好机制，促进学生在研究过程中增进对职业社会需求状况的认识和了解。

一是增进对经济社会发展需求的了解。本科毕业论文（设计）的选题来自生产实践中存在的实际问题，而这些问题不是"独立"于经济社会发展之外的，相反是与经济社会发展需求紧密相连的。换言之，生产实践中的需求以经济社会发展为背景，经济社会发展需求是生产实践需求的上位概念。因此，对生产实践中存在的实际问题的研究也不应该是孤立的、封闭的，而应该紧密结合经济社会发展需求，对研究问题的经济社会发展需求状况进行全面深入系统化的调研和考察分析，充分把握问题研究在整个经济社会发展需求中的定位。因此，本科毕业论文（设计）的研究过程实际上也是增进对经济社会发展需求了解的过程。

二是增进对职业社会需求的了解。在上述对经济社会发展需求进行了解和分析的基础上，增进对职业社会需求的了解就显得顺理成章，也是应用型人才培养的初衷所在和本科毕业论文（设计）的育人功能之一。在完成本科毕业论文（设计）的过程中，应构建将专业、产业、职业联系起来进行一体化考察的机制：校内指导教师主要对学生进行专业指导，解答学生提出的有关专业能力方面的问题；校外指导教师主要针对学生在实践中提出的问题进行解答，促进学生将专业能力转化为产业能力；学生自身主要通过对生产实践中存在问题的研究，加深对专业能力转化为产业能力进而转化为职业能力的认识和了解，并由此增进对职业社会需求状况的了解，为就业做好思想认识上的准备。

（二）明确职业的自我定位

职业定位是学生在完成本科毕业论文（设计）的过程中，通过对专业、产业、职业以及社会需求的了解，对自身职业发展趋向进行客观评价分析和科学合理的界定，是一个职业自我规划和设计的过程，也是学生最终做出职业选择的思想认识基础。职业定位主要包括以下两个基本环节。

一是对自身专业能力的定位。所谓专业能力，指全面系统掌握本专业的基本理论、基本知识、基本技能，能够从事本专业对口的实际工作。就应用型人才而言，这种专业能力应较多倾向于实践和应用而不是理论和学术层面，表现为能够灵活运用专业知识、专业技能、专业原理开创性地解决实际问题，具有较好的发现问题、分析问题、解决问题的实际能力。学生在完成本科毕业论文（设计）的过程中，通过在生产一线的实际锻炼和考察分析，对自身专业能力进行评价和定位，以便明确专业选择的方向。

二是对自身职业能力的定位。职业能力则是人们在从事各种职业活动过程中所应具备的各种能力，它关注的是一个人能否胜任某一职业以及在该职业领域获得成功的可能性。职业能力主要包括专业核心能力、组织实施能力和交流合作能力等方面，是一种综合性体现。职业能力主要通过实践课程实现，其中，本科毕业论文（设计）是培养学生职业能力的良好载体。学生在完成本科毕业论文（设计）的过程中，需要将专业理论与生产实际相结合，将专业能力转化为学生解决实际问题的能力，具体体现为理解知识的应用情境、掌握知识的应用方法、设计解决问题的方案、有效解决实际问题，等等。这既是对学生综合能力的培养过程，也是学生在研究过程中自我反思与评价自身职业能力的过程，学生通过对自身职业能力的客观分析，结合自身特点与优缺点，可以对自身将来从事的职业做出个性化的判断，为合理就业奠定基础。

第三节 学业发展机制

一个人只有树立终身学习的理念，才能跟上时代前进的步伐。因此，本科毕业论文（设计）的完成不是学生学业的终结，而应该为学生终身学习开启新的起点，这是本科毕业论文（设计）重要的育人功能之一。在本科毕业论文（设计）的研究过程中，应该构建促进学生学业终身发展的机制，以促进学生树立终身学习的理念，掌握终身学习的方法，促进学生的终身全面发展和自我实现。

终身学习是一种先进的理念，也是每个人适应社会的需要，但是，作为社会个体的每个人来说，实现终身学习理念的方式和路径是不同的，应用型人才是面向生产一线的工程技术人才，其终身学习的着力点理应在于学以致用、理论与实践相结合。应用型本科毕业论文（设计）作为学生从学校走向社会的桥梁，作为推进学生实现终身学习的重要载体，应构建学用一致、理实结合的育人机制，促进学生沿着"应用型"的道路不断成长和发展。

一、学用一致的育人机制

学用一致是指学习的东西能应用于实际。学用一致不是单向的，而是双向的过程，一方面是把学习的理论知识和实践应用联系起来，解决实际问题；另一方面是面对实际生活中遇到的现实问题，有针对性地学习新的知识来解决。两个方面互相促进、互相影响，做到理论知识能够解决实际问题，实际问题又促进理论知识的学习，实现理论与实践的结合，而不是学非所用、用非所学。在应用型本科毕业论文（设计）实施过程中，应构建"学用一致"双向循环的育人机制，在促进实践问题解决的同时，促进学生不断探求新的知识，以此引领学生终身学习和发展。

（一）问题解决机制

这里所说的"问题解决"，是指学生面对本科毕业论文（设计）选题中需要研究的实际问题，通过利用专业知识加以解决的过程，是"知识—问题"导向。本科毕业论文（设计）选题往往是问题导向的，往往围绕生产实践中的问题进行研究，因此，在本科毕业论文（设计）研究之前，问题应该是明确的，问题的解决即是本科毕业论文（设计）的研究目标，本科毕业论文（设计）的整个研究过程就是围绕问题加以展开，最后得出问题解决的办法结论。

因此，基于"知识—问题"导向的"问题解决"模式，需要构建学生自主探索的机制，这种机制应是开放式的，是以学生为中心和主体展开的。首先，本科毕业论文（设计）的选题是学生自主选择的。学生利用在生产一线进行毕业实习的机会，充分进行产业调研，了解经济社会发展需求、生产实践需求，明确存在的问题并善于将这些问题提炼为研究课题，以此作为本科毕业论文（设计）的选题。其次，本科毕业论文（设计）的研究过程是学生自主开展的。在确定选题之后，学生应该分析研究的目标、任务、方法，明确研究的步骤，在此基础上，针对研究的问题收集整理资料，利用本科阶段所学的专业知识探索问题解决的办法措施。在这个过程中，对专业知识的梳理与分析显得格外重要，需要明确选题解决的问题，需要哪方面的专业知识进行解决，这些知识的应用条件、范围与选题中需要解决的问题是否匹配，也就是如何将所学的专业理论知识与本科毕业论文（设计）中需要解决的问题联系起来，理清知识应用与问题解决之间的逻辑关系,使问题研究的"逻辑建构"清晰,研究过程严谨,得出的结论可靠。再次,学生在本科毕业论文(设计)结论验证中发挥主体作用。根据专业知识得出问题解决的结果需要再次进行验证,以确保研究结果的科学性。学生需要根据专业知识中的检验方法创设一种或几种检验的办法措施,对本科毕业论文(设计)的研究结论进行检验。最后,在本科毕业论文(设计)的完成过程中,学生是主体,指导教师发挥引领、指导、参谋的作用,而不是代替学生或强制学生按照自己的要求完成本科毕业论文(设计)。

在以上的"问题解决"机制中,学生主体作用的发挥,有利于学生对本科阶段所学知识的全面系统把握和系统性分析,有利于专业能力的再次构建,有利于对于研究问题的自主解决。学生在完成本科毕业论文(设计)过程中学到的方法、技能能够"迁移"到其他工作之中,成为学生自我发展的具有独特潜质的能力,是学生终身学习的能力素质。

(二)创新探究机制

这里所说的"创新探究",是指学生面对本科毕业论文(设计)研究中遇到的靠自身专业知识不能解决的新问题,通过探究与创新加以解决的过程,是"问题—知识"导向。以问题为导向的本科毕业论文(设计)选题,虽然需要研究和解决的问题方向是明确的,目标任务是清晰的,但是在本科毕业论文(设计)的研究过程中,可能会遇到一些新的需要解决的问题,而这些问题靠所学的专业知识是难以解决的,或者是专业知识中还没有学习过的,或者是需要跨学科的知识才能解决的,或者是需要多学科的知识才能解决的,等等。在这种情况下,就需要以新问题为导向,探究问题解决需要掌握的知识或理论。

因此,基于"问题—知识"导向的"创新探究"模式,需要构建教师帮助机制,发挥指导教师的引领、指导作用,帮助学生掌握探究新知识的方法措施,从而使学生能够独立创新与探究。首先,指导教师应指导学生探究的方向。指导教师就问题的性质和学科范围进行指导,对于学生在学习过程中的难点进行必要的解答。其次,指导教师应对学生探究的内容进行指导。对于跨学科、具有一定复杂性和难度较高的知识点,指导教师应进行必要的指导,帮助学生建构新的知识体系,掌握新的方法体系,形成新的能力体系。再次,最重要的是方法指导。对于新遇到的问题,探索的是解决问题的办法,这与以往的专业知识的学习有一定差异性。指导教师应重点对学生进行方法指导,引领学生树立正确的理念,引领学生学会学习、学会交流、学会合作,使学生善于在实践中掌握进行多元化的学习，在不断解决问题的过程中不断成长和发展。

在"创新探究"机制中，学生能力的形成是本科毕业论文（设计）育人的目的，应培养学生牢固树立终身学习的理念。

二、理实结合

上面所讲"学用一致"，指的是学习和应用紧密联系，这里讲"理实结合"，是指理论和实践相结合，属于不同层面的问题。"学用一致"突出的是"问题解决"，而"理实结合"强调的是"问题分析"，是更为宽泛的层面。应用型人才的基本特征是在生产一线岗位工作，接触较多的是实践问题，因此学生一方面需要不断加强理论学习，不断充实和完善自己，另一方面需要分析理论与实践的有机联系，以便于在各职业岗位变动后能够将学习的理论知识进行合理"迁移"，适应新变化和新形势。

本科毕业论文（设计）应突出以上能力的培养，引领和培养学生理论联系实际的能力。一是加强对本科毕业论文（设计）的过程性评价，突出对阶段性成果的评价与指导。本科毕业论文（设计）是一个整体，每一个环节的质量水平关系到本科毕业论文（设计）整体的质量水平。对一些关键性环节的评价与指导具有重要意义，比如对文献研究环节的指导，要考虑到文献掌握的广度和深度、对文献分析的系统性与逻辑性、对文献优缺点的把握，等等；对调研报告的评价与指导，包括调查的范围、问卷设计的合理性、实施调研的方法以及结果分析的合理性，等等。这些过程性评价和指导，事关学生的科学认识和逻辑思维能力提升。二是加强对本科毕业论文（设计）答辩环节的管理。答辩是关系到本科毕业论文（设计）能否通过的一个环节，也是考查学生学术水平和学术创新的关键环节。答辩环节涉及理论应用、逻辑推判、文献采纳以及对相互研究领域中的观点采纳情况。三是加强对本科毕业论文（设计）成果转化及后续研究方面的指导。本科毕业论文（设计）文本的完成不是最终目的，选题既然来自实践，毕业论文（设计）的研究成果自然也应回归实践，为经济社会发展、产业发展贡献效益。因此，指导教师要加强对本科毕业论文（设计）应用去向的指导，学生应研究与分析成果转化问题。同时，本科毕业论文（设计）的周期较短，在完成本科毕业论文（设计）的过程中还有很多任务需要完成，在时间短、任务重的情况下，学生的本科毕业论文（设计）也许存在缺陷，指导教师要通过不同方式予以指出，便于学生改进和完善。这一方面是为了学术研究的改进，另一方面也是从较高层面上探讨理论与实践相结合的问题。

本章探讨了本科毕业论文（设计）的育人机制问题，以应用型本科毕业论文（设计）的育人功能为指向，以"产业—职业—学业"为主线，以产业为纽带，探讨能够有效支撑本科毕业论文（设计）育人功能的育人机制问题，包括专业拓展机制、职业导航机制、学业发展机制，为后续研究中应用型本科毕业论文（设计）的育人路径建设奠定了基础。

第三章　应用型本科毕业论文（设计）的育人路径

本科毕业论文（设计）的完成是一个相对独立而又系统整合的过程，就应用型本科毕业论文（设计）而言，育人路径围绕选题与调研、文献研究、学术表达三个环节展开。这些环节既与本科毕业论文（设计）的育人功能、机制相联系，又与本科毕业论文（设计）的育人策略、育人评价相呼应，因此，全面梳理与系统设计应用型本科毕业论文（设计）的育人路径，明确其中的主线及其基本操作规范，发挥协同育人功能，是实现应用型本科毕业论文（设计）育人的重要环节。本章立足应用型本科毕业论文（设计）特点与规律，在全面借鉴与分析学术研究有关规范的基础上，从选题调研、文献研究、学术表达三个方面进一步探讨分析应用型本科毕业论文（设计）的育人路径，为实现过程育人指明方向。

第一节　选题调研

研究始于问题，任何有意义的研究都是从发现有价值的问题开始的。发现一个比较有价值的问题并将其设计为研究题目即选题，是本科毕业论文（设计）的起点。就应用型本科毕业论文（设计）而言，选题之后还要进行实地调研，以便获取研究所需要的第一手资料。选题与调研有助于培养学生严谨的科学态度、求实的学术素养，有助于培养学生开展调查研究以及收集整理资料的能力，并进一步提高学生发现问题、分析问题、解决问题的能力。

一、获取选题

爱因斯坦认为，在科学面前，提出问题比解决问题更重要，因为解决问题也许仅仅是一个技能而已，提出新的问题、新的可能、新的角度去看旧的问题，却需要有创造性的想象力，这标志着科学的真正进步。

选题作为本科毕业论文（设计）的第一步，决定着研究质量。选题就是提出问题并将问题设计为可研究的题目，不仅明确了研究的方向、研究的视角、研究的目标，而且界定了研究的对象、研究的范围、研究的任务和重点难点。有别于其他类型的本科毕业论文（设计），应用型本科毕业论文（设计）的选题具有自身的特点、任务与要求，与此相适应，应用型本科毕业论文（设计）的选题具有独到的育人规律。

（一）应用型本科毕业论文（设计）的选题原则

应用型本科毕业论文（设计）的选题要从两个方面来考虑：一方面，从经济社会发展需求出发，关注生产一线的实际问题，结合自身专业所长，选择能够带来产业效益的题目；另一方面，从自身的专业能力及适合度出发，关注普遍存在的社会问题，选择适合自己并能够研究得好的题目。具体来讲，选题应遵循以下五个原则。

1. 政治性原则

应用型本科毕业论文（设计）的选题首先应确保正确的政治导向，坚持以习近平新时代中国特色社会主义思想为指导，全面贯彻落实党的路线、方针、政策，统筹发展和安全，充分体现社会主义核心价值观的基本要求，顺应时代潮流，遵循改革大势，谋划科学发展。通过选题环节，教育引领学生关心国家大事，爱党爱国，想国家之所想，急国家之所急，将个人的发展融入国家的改革发展之中，求真务实，开拓创新，求学术之真理，悟人生之道理，明社会之事理。围绕社会热点、事关国计民生的重点问题进行选题策划，善于对当下的社会现实问题进行系统深入的考察与分析，围绕具有普遍社会意义抑或人民群众关心的焦点问题进行研究，为中国共产党治国理政服务。在完成本科毕业论文（设计）选题的过程中，学生通过向指导教师的请教与学习，提高自身的学术视野和政治站位，使自身的思想成熟起来、坚定起来，为毕业走向工作岗位、融入社会奠定坚实的思想基础。

2. 生产性原则

应用型本科毕业论文（设计）的选题在关注研究理论价值的同时，应更加注重实用价值，满足生产实践的现实需要，充分体现学以致用，理论联系实际。应用型本科毕业论文（设计）的成果应可以转化为生产实践、管理与服务，创造社会效益。因此，通过选题环节，以培养学生的专业应用能力为主线，将学生专业知识、实践能力、创新精神有机地与本科毕业论文（设计）的全过程紧密结合起来，培养学生发现问题、分析问题和解决问题的能力。

3. 创新性原则

随着时代的发展，专业知识也在不断深入。本科毕业论文（设计）的选题在体现专业能力的同时，应顺应时代不断发展不断创新。应用型本科毕业论文（设计）的选题要具有一定的新颖性和前沿性。学生通过研究发现新问题、提出新观点、发明新技术、设计新方案，避免研究的低水平重复。

4. 可行性原则

可行性即可操作性。本科毕业论文（设计）选题应依据自身实际具备的能力和条件，量力而行。本科毕业论文（设计）的选题应大小适度，将研究问题做小做细做深，以小见大，深入探寻，使研究思路更加清晰，研究内容更加聚焦，避免泛泛而谈，大题小做。本科毕业论文（设计）的选题应难易适中，选题如果难度过大，容易让自己陷入被动和无法深入研究的困境；选题如果难度过小，没有挑战性，论文质量堪忧。本科毕业论文（设计）的选题应量力而行，学生要充分了解自己的能力、知识储备、专业领域，了解可以使用的现实客观条件，如文献资料、研究设备、时间经费地域、导师指导等，以便主动地创造条件，顺利开展本科毕业论文（设计）的实施。

总体而言，可行性原则要求本科毕业论文（设计）的选题要避免"假大空"，关注"真小实"。"真"即研究现实生活中真实存在的问题与现状，并且顺应时代潮流的发展，探索新情况，并非凭空虚造，有真正的研究价值与意义；"小"即具体可操作性，围绕一个内容可以深入地开展研究与探索，不浮于表面、流于形式，实现以小见大的研究目标；"实"即踏踏实实地去研究，亲力亲为搜集数据、梳理文献、调查现状，杜绝作假作弊，深入基层实践，发现问题、解决问题。

5. 主体性原则

本科毕业论文（设计）的完成离不开人，重视人在活动中的主体性地位。对于本科毕业论文（设计）撰写者来讲，兴趣是最大的动力，当个体对选题感兴趣时，才会有更多热情和耐心去深入研究，更有可能克服其中的各种挫折和困难，促进本科毕业论文（设计）撰写工作的顺利完成。从这个意义上讲，要善于将感兴趣的问题设计为本科毕业论文（设计）的选题。同时，根据自身具备的优势进行选题。

（二）应用型本科毕业论文（设计）的选题途径

了解选题途径，对选题途径加以充分的关注和全面的把握，是本科毕业论文（设计）的育人功能之一。应用型本科毕业论文（设计）选题的途径包括以下五个方面。

1. 围绕专业进行选题

围绕专业进行选题，是指围绕专业方面存在的问题进行选题。专业选题可以分为两种类型：一是有关专业自身的存在问题进行选题，二是有关专业交叉方面存在问题的选题。无论哪一种选题，前提都是需要对专业体系具有充分的认知和系统的把握，即懂专业机理。所谓懂专业机理，就是要了解本专业的知识结构，掌握本专业的基本知识、基本理论、基本技能、基本能力，知晓本专业的应用领域和应用前景，能够熟练运用专业知识解决实际问题，等等。因此，在应用型本科毕业论文（设计）的选题过程中，指导教师要善于启发学生回顾专业知识体系，指导学生在专业知识领域发现存在的不足或问题，以便学生选择专业发展的薄弱环节做选题。

2. 围绕产业进行选题

围绕产业进行选题，是指围绕产业方面存在的问题进行选题。进行产业选题的前提是对产业的现状和内在需求有全面系统的把握，就是了解产业的原理、技术、问题与发展前景。产业选题需要做好两个方面的准备：一是进行产业调研，围绕产业运行状况进行针对性调研，了解产业的实际状况、存在问题及内在需求；二是对产业的内在机理进行分析，充分把握产业核心技术及管理状况，了解产业运行中的薄弱环节。在应用型本科毕业论文（设计）的选题过程中，指导教师带领学生走进产业一线，带学生了解产业一线实际，把握产业内在需求，指导学生在产业最需要的环节上进行选题。

3. 根据文献进行选题

根据文献进行选题，是指通过对相关文献的综合分析，针对文献研究的不足或者薄弱环节进行选题。牛顿说，如果我比别人看得远，这是因为我站在了巨人的肩膀上。文献选题的前提是文献阅读与分析，是对相关领域文献的全面系统把握。因此，要教育引领学生通过网络、书籍等多种渠道和途径对文献进行系统研究，以便学生能够深入了解文献所使用的研究方法、取得的创新性成果，进而了解文献研究的现状、存在问题及不足，并能够结合自身实际在文献研究的薄弱环节作出适合自身研究的选题。

4. 根据实践进行选题

根据实践进行选题，是指从实践活动中产生的研究动机进行选题。实践活动是开放式的，具有宽广的视野和选择空间。学生在实践活动中能够获得的多方面的灵感，经过深入思考和理论加工之后，可以设计为开放式的选题并进行深入研究，这类研究具有实用价值和理论指导意义。因此，积极组织各种类型的社会实践活动，带领学生迈出校门，走向社会大课堂，让学生投身社会实践，从行动中获得体验，从实践中学会思考，发现身边有研究价值的课题，以作为本科毕业论文（设计）的选题，进行实证性研究，服务经济社会发展。

5. 顿悟选题

所谓顿悟选题，是指通过自身反思或与别人交往过程中闪现的思维火花进行选题。学生在反思自身专业理论、知识体系的过程中，往往会产生"顿悟"的现象，灵感突然闪烁，从而发现研究的问题。如果能够善于抓住并进一步构思，就会产生有关本科毕业论文（设计）的选题。本科毕业论文（设计）的选题也可以来自同学之间的交流和分享，这让他们得到更多的灵感，通过头脑风暴的方式记录下大家对这一选题不同角度不同层面的看法，这也许将更快获得本科毕业论文（设计）主题的灵感。

（三）应用型本科毕业论文（设计）的选题方法

笛卡尔说："最有价值的知识是关于方法的知识。"一个好的本科毕业论文（设计）的选题，应坚持选题原则，拓展选题途径（渠道），更重要的应掌握科学有效的方法。由于学科专业不同、学生个体差异、学校要求不一，本科毕业论文（设计）的选题方法主要有以下三种。

1. 假设检验法

假设检验法就是对自己拟选定的问题进行两方面的检验，一方面是对拟选定研究问题的研究基础进行反思性检验，比如，这个问题别人有研究过吗？如果研究过，那么研究的情况如何？还能在别人的研究基础上深入研究什么？或者说研究的侧重点是什么？与别人的研究有何不同？如果拟研究的问题别人从未研究过，那就要设几个反问：为什么要研究这个问题？研究这个问题的理论意义与现实意义是什么？研究思路合理吗？对这个问题的研究有足够充分的理论依据吗？能够把这个问题研究清楚吗？等等。另一方面是对拟选定研究问题的研究前景进行展望性检验，面向大的社会背景，结合经济社会发展需要，对研究的必要性、可行性以及主客观条件进行充分的研判，以此作为最终是否作为毕业论文（设计）选题的依据。当对以上的"假设检验"有所自我反思和前景展望时，就可以进一步评估的选题可行性。当然，这是一个不断自我修正和完善的过程，需要从多角度、多元化、多侧面进行思考，以便全面把握毕业论文（设计）的研究价值和创新点。

2. 文献反思法

研究的起点在于文献的阅读，对文献资料的占有和分析是毕业论文（设计）选题的基础性工作。文献阅读是一个不断"反思"的过程。围绕某一问题，广泛浏览文献资源，通过"研究主题""关键词"筛选等方式，将这一问题研究中最权威、最新颖的文献筛选出来，围绕拟研究的问题，有针对性地了解文献研究的热点和前沿动态。在此基础上对拟研究的问题进行反思：前人研究的主流方向是什么？拟研究的方向与前人的研究有何实质性不同？拟研究的内容定位在哪些方面？拟采取什么研究方法？拟研究的创新点在哪些方面？研究的理论意义和现实价值体现在哪些方面？等等。随着一系列"反思"的纵深展开，研究的问题就越来越明朗化、具体化，本科毕业论文（设计）的选题也就逐步脱颖而出了。

3. 交叉边缘法

探寻各专业之间的交叉之处以及边缘问题，往往是获得好的研究选题的重要方法。随着科技进步和信息发展，专业交叉在所难免，专业之间的联系越来越密切，仅靠某个专业发展难以解决复杂的现实问题，因此，在专业交叉的领域进行选题，就具有较好的研究价值。"前沿"问题是时下研究的主流，是学科领军人才关注的"热点"，而"边缘"问题则往往容易被忽略，如果从"边缘"问题进行选题，则会得到较好的研究成果，这就为我们从多个角度进行同一问题的研究提供了契机。例如，从心理学视角来考察经济学中康养产业问题，这些边缘交叉的领域往往成为选题研究的重要视角。

（四）应用型本科毕业论文（设计）的题目拟定

本科毕业论文（设计）题目的拟定是对整篇论文最精辟的概括。对一篇文章的认识始于搜索引擎中题目关键词的查找，题目的拟定需要言简意赅、一语中的。一般学术论文题目长度在加上副标题的情况下不超过 25 个字，冗长、艰涩难懂的表述需去除，同时，应表达准确，不过度泛化，使选题表达保持客观与理性的态度。如果毕业论文（设计）的选题有让读者看一眼就继续阅读的想法，那这篇毕业论文（设计）的选题将是非常成功的。例如一篇题为《委屈可以求全吗？自我表现视角下职场排斥对个体绩效的影响机制》的心理学论文，让人看到题目就想到自己身边的职场社交问题，不由自主地往下读，探寻该研究的结论。

二、开展调研

应用型本科毕业论文（设计）的选题确定之后，为了全面了解研究问题的社会需求状况，需要进行调查研究。调查研究是一种独立使用、较为广泛的研究方法。调查研究可以为应用型本科毕业论文（设计）的研究提供较为丰富的第一手资料，增强研究过程的客观性、研究内容的针对性和研究成果的创新性。

（一）应用型本科毕业论文（设计）开展调研的目的

明确调研的目的，才能有效实施调研。就应用型本科毕业论文（设计）而言，开展调研的目的主要体现在以下三个方面。

1. 调研是对应用型本科毕业论文（设计）选题进一步深化的过程

调研的过程是对本科毕业论文（设计）选题进行分析、比较和整合的过程，旨在促进学生更有效地围绕本科毕业论文（设计）选题收集相关的资料，进一步明确本科毕业论文（设计）选题的必要性、可行性。缺乏调研，毕业论文（设计）的研究就缺乏根基，没有说服力。对应用型本科毕业论文（设计）而言，调研是第一要务，因为这类研究主要针对生产一线，如果对生产一线的实际情况没有准确把握，整个研究就失去了意义和价值。对于学生而言，围绕本科毕业论文（设计）选题开展调研是提升自身专业素养和能力的机会，是实现本科毕业论文（设计）育人的重要环节，对于实现"求真理、悟道理、明事理"的课程思政功能具有重要意义。

2. 调研本身就是理论联系实际、探索问题解决的过程

应用型本科毕业论文（设计）源于生产实践，只有对有待解决、需要探索的实际问题进行充分认识和把握，本科毕业论文（设计）的研究方向才能明确，整个研究过程才能深入有序地推进。学生通过调研，能够初步了解问题产生的根源，明确研究的方向，把握研究的重点。学生往往能够在调研的过程中找到解决问题的突破口，为后续研究奠定坚实基础。同时，通过调研，学生不仅巩固了原有的理论知识，而且提升了自身在生产实践中解决实际问题的能力，促进了理论与实践的紧密结合。

3. 调研是提升学生应用研究能力的重要渠道

培养学生的应用研究能力是应用型本科毕业论文（设计）的重要目标任务之一。调查研究作为基本的科学研究方法，在导师的指导下被学生围绕毕业论文（设计）进行展开和应用，是培养学生应用研究能力的重要渠道。对应用型

本科毕业论文（设计）的研究来说，学生需要"带着问题"展开研究，明确研究对象的实际情况，把需要研究的问题摸清楚，增强研究的有效性，降低研究的盲目性，掌握并善于运用科学、先进的研究方法，尽可能掌握研究对象的特点、规律，为问题解决扫平障碍，提高调研的科学性和有效性。

（二）应用型本科毕业论文（设计）调研的类型

应用型本科毕业论文（设计）调研根据选题的不同而有所侧重。经验研究类毕业论文（设计）选题往往关注对专业理论的探索，可细分为一般性经验选题、科学性经验选题。无论是哪一种选题，其调研均有共同的特点，即通过对调研数据的分析，得出规律性的结论，并上升到理论高度。因此，这样的调研是比较缜密的过程：首先，调查问卷的设计要缜密，在考虑到针对性的同时，必须考虑客观性、全面性，以免得出适用范围不具体、带有主观判断和以偏概全的结论；其次，对调研资料分析的过程十分缜密，在数据中寻找规律，借助学科专业方法寻找答案，遵循严密的科学推导过程。

应用研究类本科毕业论文（设计）选题关注新技术的开发与应用，注重任务完成或问题解决。因此，调研的目的是为问题的解决提供新思路，针对生产需要研发新技术。这类调研比较专业化，主要围绕生产实际而展开，需要全面了解与把握生产一线的运行状况，找准存在的实际问题，有针对性地提出问题解决的办法措施，以提高生产效益。因此，这类调研从问卷设计到调研实施，都需要事先确定明确的思路和方案，以便实现调研的目的。

实验验证类本科毕业论文（设计）则关注实验数据的收集整理，主要通过控制无关变量，探索某一个（或某一些）因变量与自变量之间的关系。这一类本科毕业论文（设计）调研的目的是在某一假设或理论指导下，通过收集整理实验数据来探索各种变量之间的关系，借以揭示某一规律。调研过程中更加关注对各类变量的有效区分和控制，对需要测量的事物进行明确的量化，进行各种对比与分析，通过实验获得一致性结果。

（三）应用型本科毕业论文（设计）调研的方法

本科毕业论文（设计）调研的方法多种多样，总的来讲，主要包括量化调研方法和质性调研方法两大类。其中，量化调研方法是对事物可以量化的部分进行测量与分析，从而检验理论假设的方法，具有概括性、可重复性、普适性等特点，遵循逻辑实证主义方法论，认为社会与世界是有规律的，属于自然科学的典型研究范式，具体包括问卷法、实验法等。质性调研方法是通过研究者与被研究者的互动，在自然情境下对研究对象进行深入、长期、细致的观察，通过收集资料并加以分析，得出定性的结论的研究方法，具有深入性、解释性、社会性等特征，遵循现象学解释主义的方法论，认为社会与世界是人为构建的，这类方法是人文社科的典型研究范式，包括访谈法、观察法、文本分析法、个案研究法、叙事疗法、田野工作法等。

量化调研方法和质性调研方法两种调研方法各有优缺点，二者相互联系，相辅相成。根据应用型本科毕业论文（设计）的研究特点与需要，这里重点介绍几种常见的、具体的调研方法。

1. 观察法

观察法是指调研者有目的、有计划、有组织地通过个人感官和辅助仪器设备对处于自然状态下的客观人和事物进行考察的方法，具有目的性、计划性、选择性、自然性和客观性等特征。从广义上讲，观察法又可分为日常观察法和科学观察法。日常观察法是观察法的初级形式，即通过日常生活中的观察，获取的信息可以为科学观察法提供基础来源。科学观察法则是观察法的高级形式，是对调查研究内容的有计划的实施活动。

观察法根据不同的标准又有细分。按照观察的情景条件来分类，观察法可以分为自然观察法和实验观察法。自然观察法主要是在自然情境下对观察对象不加任何的干预、控制状态下的观察。实验观察法则突出人为改变或控制一定条件，有目的地对研究对象进行针对性观察。按照调查者是否直接参与被观察者的活动可以分为参与性观察和非参与性观察。顾名思义，如果参与到了其中的活动，那么只是参与性观察，如果只是旁观或者不介入观察对象的活动，则是非参与性观察。按照调研者进行观察的方式分为直接观察法和间接观察法。直接凭借自己的感官来观察，感知对象的是直接观察法；需要借助各类观察仪器，包括摄像机，录音机等方式获取一手资料的，则是间接观察法。

不管哪一种类型的观察法，其实都遵循大致相同或相近的法则，要确保观察的过程遵循科学的研究方法和程序。在进行观察法时，要注意抓住调查的重点，针对被观察对象的实际情况，灵活机动地开展调研计划，并且做好现场的观察记录。观察过程中要注意观看、倾听、询问、思考、查验五个环节的相互配合。要注重采取多种方法收集整理和分析观察所获得的资料，并将获得的观察资料和其他方式获得的资料进行比较与核查。应用型本科毕业论文（设计）要根据研究对象的特点、研究者已经占有的资料情况以及开展研究的主客观条件等选择适宜的观察方法，以便获得客观准确的第一手观察资料，作为后续研究之用。

2. 调查法

调查法是通过问卷、访谈等形式搜集研究所需的资料，对事物现状做出科学分析、提出对策建议的研究活动。调查法主要分为书面问卷法和口头访谈法。

书面问卷法是指依据调研目的和要求，制定调查问卷，在适当时间、通过适当方式发放给被调查者填写，以书面形式收集调查信息和数据的方法。书面问卷法的实施步骤一般包括问卷设计和实施调研。

科学设计调查问卷是前提。调查问卷要简洁明了，题目不宜过长，易于看懂。一份完整的调查问卷包括标题、前言、指导语、人口学信息、正文内容等部分。其中，标题是对问卷调查目的、调查内容的高度概括，可以一语中的地反映问卷调查的内容。前言是问卷的开场白，是对为何开展这项调研的简要说明，简要地介绍调研的目的、意义和内容等。指导语则是专门用来指导被调查者如何回答问卷中的问题的各种解释和说明，以避免无效问卷。人口学信息即个人的特征资料，包括年龄、性别、学历、地域、受教育程度、婚姻状况、健康状况等情况，人口学信息并非越多越好，主要是根据调研目的来进行筛选和使用，便于收集不同人口学背景下的调研资料特点。正文内容包括事实性问题、态度性问题、开放性问题。事实性问题是调查客观存在或已发生的行为事件，例如"你每周锻炼身体的次数是：A. 一次都没有；B. 每周锻炼1～3次；C. 每周锻炼4～6次；D. 每天都锻炼"。态度性问题主要用于明确被调查者某些人事物的看法、态度、评价，并非指向被调查者本身行为，例如"你对当前社区的环境是否满意：A. 非常满意；B. 满意；C. 一般；D. 不满意；E. 非常不满意"。开放性问题通常以主观提问法出现在问卷最后，旨在为弥补客观选择题的封闭性答案不全面而设置，通过开放式问答收集更多研究者未注意到的相关情况，例如"你认为社区文化发展还有哪些建议？"。

口头访谈法是指通过谈话的方式，有针对性地了解被访谈者对某一事物或现象的看法、观点、认识等的方法。根据口头访谈中是否有严格设计的访谈问卷和提纲进行区分，口头访谈法可以分为结构性访谈和非结构性访谈。结构性访谈也可以叫做标准化访谈，这是对访谈过程高度控制的一种访谈类型方式，具有确定的问题与答案，能够有效克服访谈过程的随意性，便于调研者后期进行量化分析。相较而言，非结构性访谈则通过一个较粗略、较开放、没有严格规定的访谈回答标准的调研方法，它可以根据实际情况更灵活地收集资料，被访谈者也相对更加自由；根据一次性调研访谈的对象人数，可以分为个别访谈调查和集体性访谈调查。个别访谈调查也可以叫做个案访谈法、个案研究法。

个案访谈法是由调查者每次只对一位访谈对象进行的单独深入的访谈方法，一般针对一些敏感问题或特殊性事件的访谈而采用。集体访谈法则是面对数名被访谈者进行群体访谈的方法，往往以小组或班级为单位，通过座谈会的形式进行。

应用型本科毕业论文（设计）要根据研究的实际需要选择适宜的访谈方式，本着简便易行、务实高效的原则，实现有效收集整理研究资料的目的。

3. 实验法

实验法是运用一定手段主动干预研究对象，通过严格控制因变量与自变量，从而得出研究对象之间相互关系或规律性结论的研究方法。其中，自变量也叫做实验变量，是研究者设计的人为控制的某一实验情境或某一条件变量。因变量也叫做反应变量，它会随着自变量的变化而出现变化，这是研究者需要测量计算的结果性因素。除了自变量和因变量，还有一种变量叫干扰变量。因为它的出现，导致次变量以外还有其他一些无关的因素影响了因变量的结果，降低调研者对结果的正确解释度与判断能力，这是实验法中应该尽量排除的因素。因此，在实验法中要重点控制实验变量、无关变量和测量工具。这样，一方面，便于更好地从实验中得出事物发展的规律以及其中的因果关系，另一方面，尽最大可能地将实验误差降低到最低程度。

实验法由实验者、实验对象、实验手段三个部分组成。实验法的步骤一般包括准备阶段、实时阶段、推广总结阶段。准备阶段主要是对实验方案的设计，包括分析研究的需要，确定自变量与因变量，选择适用的工具和方法，等等，以便提高实验效度。实施阶段主要是进行观察、记录实验数据等。推广总结阶段主要是分析处理相关实验数据，检验假设，得出结论。实验效度是指实验法的有效性，即是否准确测量了研究需要测量的东西，是否验证了需要验证的假设，等等。在实验法中，一个重要的指标就是实验效度，它是衡量实验成败的关键性指标，在实验法中要特别注意加以控制。实验效度分为内在效度和外在效度，内在效度主要关注实验者操纵的自变量对因变量造成的影响的真实程度，包括工具选择、测验方式、数据分析方法、历史事件或者偶然事件、被试的成熟度，等等；外在效度则是指实验结果可以推广到实验对象以外的其他领域当中的能力，也就是其代表性和概括性。

实验法是应用型本科毕业论文（设计）经常采用的一种研究方法，需要根据选题的情况进行系统化设计，在导师指导下有序实施，要注重对实验数据的收集整理，同时对实验数据的真实性、客观性进行验证，控制好无关变量的干扰和影响，确保数据真实可靠，为后续研究提供精细化数据。

4. 行动研究法

行动研究法是指在具体的、实际的工作场景中进行研究的方法。这一研究方法的基本步骤包括计划、行动、观察和反思：计划环节主要是设计实际工作与研究进程，明确需要关注的因素和环节，排除无关影响，确定研究进程和方向；行动环节强调的是有目的、按计划、有组织的一个解决实际问题的过程；观察环节是对上述行动环节的过程、结果、特点、背景等的详细考察，以便于进行下一步行动时有所觉察、反思和调整修正；反思环节则是对行动结果的深入思考，重在对研究的现象和原因做出有效的分析与合理的解释。针对一些难以获得有效资料的研究问题，应用型本科毕业论文（设计）可采用行动研究法，弥补在资料占有方面的不足，完成研究任务。

三、报告撰写

调查研究是一个系统的过程，在围绕研究对象制定调研计划、明确调研任务与实施途径的基础上撰写调研报告，将调研过程中获得的数据资料进行全面翔实的呈现，是调研活动的最后环节，也是本科毕业论文（设计）的重要环节，调研报告中的有些内容可以直接充实到本科毕业论文（设计）之中，调研报告也可作为附录编辑于本科毕业论文（设计）文末。

（一）调研报告的结构

调研报告的撰写没有统一的格式要求，一般而言，一个完整的调研报告，包括以下基本结构与规范。

第一，标题。它是调研报告的主题体现，以简洁、具体、明确为主，可以适当加副标题做进一步解释，明确调研范围与性质，可以让读者更快速地了解调研的大致内容。主题的确定是调研报告的灵魂所在，决定了调研报告的立意与高度。

第二，署名。顾名思义它就是调查者姓名的书写，其位置在标题和正文之间。

第三，引言。这一部分简明扼要地介绍调研的背景、原因、目的、意义、过程、方法，等等。

第四，正文。这是调研报告的主体部分，是对调研内容和结果的整体展示。这一部分的呈现方式可以按调查的时间顺序，也可以按事物发展的不同阶段，还可以通过两种人事物的对比，总之要按照调研内容的特点进行表述，需注意材料选择的合理性。一方面，材料的选取应突出调研的主题，体现调研的意图，展示调研的过程；另一方面，材料的选取要具有典型性、连贯性，突出点面结合，注重对材料的比较和鉴别，选取精要的材料。

第五，结论。这是调研的结果以及针对调研过程中发现的问题提出的对策和建议。

第六，附录。这一部分包括了参考书目和资料、各类调查表、原始数据以及调研记录等内容。附录具有两方面的作用：一方面，它为调研结论提供了第一手资料，也为进一步检验调研结论提供了数据支撑；另一方面，它为后续研究者提供了可供参考的原始资料，也为后续研究验证调研结论提供了参考。

（二）撰写调研报告的注意事项

调研报告的撰写与一般文体有所不同，应用型本科毕业论文（设计）调研报告的撰写应注意以下几点：

1. 理清调研报告的结构布局

调研完成之后，需要将调研过程中收集到的资料进行梳理和分类，根据本科毕业论文（设计）研究的需要和调研的实际情况，拟定调研报告的提纲结构，以便理清研究报告的结构布局，形成系统的研究报告。调研报告的提纲分为观点式提纲和条目式提纲，前者是根据调研观点进行逻辑性罗列整理，后者则是根据报告撰写方式按照层次进行章、节、目的逐条书写。

2. 确保各类数据与资料的客观性与真实性

客观真实是调研的灵魂。一方面，要在确保调研过程科学性与合理性的基础上，遵循一定的规程、标准和渠道进行数据采集和资料收集，对于一些数据和资料的客观真实性进行辨别，将误差降低到最小范围和程度；另一方面，要尽可能地排除无关因素的影响和干扰，确保调研过程在自然、客观的情况下进行，将外界的无关干扰降低到最低程度，确保调研数据的真实性。在数据和材料的选取上，按照"权威性优先""时效性优先"等原则加以确定。

3. 重视调研报告与毕业论文（设计）的有机衔接

这里的调研报告不是孤立的，而是为本科毕业论文（设计）服务的，因此，需要处理好调研报告与本科毕业论文（设计）的有机衔接：调研的背景、起因、目的、任务要与本科毕业论文（设计）协调一致，不能互相割裂；调研报告中采用的数据与资料与本科毕业论文（设计）要一致，不能出现互相矛盾的现象；调研报告的结论应与本科毕业论文（设计）一致，或者为本科毕业论文（设计）的结论提供重要支撑。

第二节　文献研究

任何研究都是在前人研究的基础上更进一步，因此文献研究是完成本科毕业论文（设计）必不可少的重要环节。本科毕业论文（设计）确定选题之后，需要对与选题相关的文献进行广泛的收集整理和阅读，通过分析、归纳、概括、整理等方式全面把握文献的基本情况，了解研究现状、主要创新及存在的不足，在此基础上科学研判本科毕业论文（设计）的研究方向、目标、任务、预计的创新点以及采用的研究方法。文献研究包括文献检索、文献论证、文献分析（文献综述）三个前后联系、层层递进、密切关联的阶段，其中，文献综述是文献研究的结晶。在文献研究的过程中，通过导师的指导和学生的主观努力，一方面培养学生的学术素养和学术研究能力，提高本科毕业论文（设计）质量水平，另一方面培养学生的综合人文素养，使学生了解学术研究需要遵循的学术规范，学会如何做人、如何做事、如何交流与合作，并进而将这些综合人文素养"迁移"到工作岗位和社会领域，使自己能够立足社会，并能不断自我成长，实现终身发展。

一、文献检索

文献检索是文献研究的起点，它是根据研究选题的需要，通过网络、人工等形式有针对性地收集与选题研究有关的研究文献的过程。文献检索对于选题研究具有"导航"的功能，可以帮助研究者了解有关研究的大体状况，提供研究可供参考的资料，明确研究方向，增强研究的信心，聚焦研究的目标任务，为后续研究提供坚实基础。

（一）文献检索形式

文献检索不是漫无目的地进行的，而是具有很强的针对性，根据研究选题的实际需要而展开，文献检索可以通过一种或多种形式进行，以便研究者收集整理更加全面详实的材料供研究之用。文献检索的形式由简到繁、由浅入深，大概具有以下的几种。

1. 目录

目录即文献目录、书目，是目与录的合称，是有规律地将一批相关文献的特征进行归类的文献清单，具有很强的概括性。现代目录包括编号（期刊号、专利号等)、题名、编(著)者信息、文献出处(出版社单位、出版时间等)、描述性注释(原文文别、会议名称与地址、文献页数、参考文献等)。根据社会功能和编制的目的不同,分为推荐书目、专题书目、登记书目、出版发行书目等;根据目录中文献所收藏的位置不同,分为馆藏目录、私藏目录、联合目录;根据收录文献的类型不同,分为期刊目录、图书目录、专利目录、地图目录、标准目录;根据文献收录编排方式的不同,分为自顺目录和分类目录;根据目录收入的内容范围不同,分为专题书目、综合书目、个人著述书目、地方文献书目。

目录的作用在于帮助我们尽快地从"题目"的清单中筛选与我们的研究有关的篇目。但是,仅仅靠目录的形式是很难全面详实地收集到研究所需要的文献资料的,这一方面是因为有些与选题相近的文献题目,其研究内容不见得就与研究具有一致性;另一方面是因为有些文献的篇名虽然与选题看起来不太一致,但实际上研究内容却具有一定的相近性。由于以上两种原因的存在,仅仅靠目录的形式进行文献检索,是远远不够的。

2. 题录

对目录进一步提炼,成为题录,它是比目录更加深入和细致的一种文献检索形式。题录是将图书与论文按照顺序编排,便于查找篇目出处的一种文献检索方式,包括文献篇名、著者信息(姓名及单位)、来源出处(出版物名称、卷、期、页数、出版年月等)。

通过题录形式查阅文献,具有快捷、全面、广泛等方面的优点,但同时也具有缺乏文章内容、摘要、简介等内容,不便于深入了解文章主旨的缺点。

3. 文摘

在题录的基础上,进一步呈现文献的内容要点,便是文摘。文摘是以简明精练的语言将文献的核心观点、主要内容、数据研究、结构特征进行准确摘录,按照著录规则有序编排,便于查找文献具体出处的检索方式。文摘包括的内容除了与题目一致以外,还包括了文摘正文与检索标志(如关键词、主题词)。文摘的方式更有利于有序地报道科学文献发展、积累科学情报,因而随着时代的发展日益成为使用量最大的文献检索手段。

4. 索引

索引又叫"引得",是对文献内容进一步深入揭示,将文献中有价值的知识单元,如题目、学科专业、人名、地名、专业术语等进行摘录,注明页码后有规律地编排,从微观角度解释文献具体内容的检索工具。索引的种类可以分为篇名索引、主题索引、著者索引、分类索引、引文索引、专用索引、语词索引等。其中，篇名索引、主题索引的使用率最为广泛。

5. 数据库

数据库包括电子期刊数据库和图书数据库两大类。

（1）电子期刊数据库。常见的电子期刊数据库包括中国知网（http://www.cnki.net）、维普数据库（http://www.cqvip.com）、万方数据库（http://www.wangfang.com.cn）、复印报刊资料全文数据库（http://ipub.zlzx.org）、国家哲学社会科学学术期刊数据库（http://www.nssd.org），等等。

（2）图书数据库。常见的图书数据库包括超星读书（http://book.chaoxing.com/）、方正阿帕比数字图书（http://www.apabi.cn）、大学数字图书馆国际合作计划（http://www.cadal.cn），等等。

6. 网络引擎

具体包括以下几种：

百度网络引擎。百度的网址为：http://www.baidu.com，它作为全球最大的中文搜索引擎，向大众传递"简单、可以依赖"的信念，是拥有全球最大中文网页库的网站。其中，百度文库是供大众在线分享文档的一大开放平台，集在线阅读、下载各类资料为一体，适用性普遍。

搜狗网络引擎。搜狗的网址为：http://www.sougou.com，它是全球首个中文网页收录量达100亿的搜索引擎，以及时、精准、海量为特点，以搜索技术为核心，凭借自主研发的服务器集群的全球首个三代互动式中文搜索引擎，具有独家微信搜索功能，对于微信公众号及微信发布文章的搜索有重要筛选功能。

（二）文献检索方法

本科毕业论文（设计）是本科学生在自身专业知识基础上，围绕一个口径适中的问题进行的比较系统化的研究，需要比较全面深入地了解本研究领域的现状，因此，文献检索非常重要。针对大部分本科学生对文献研究比较陌生的情况，掌握文献检索的方法对于文献研究乃至整个本科毕业论文（设计）所涉及问题的研究，都具有十分重要的意义。这里介绍几种常用的文献检索方法。

1. 直接检索法

直接检索法是使用最广泛的检索方法，它是直接运用检索工具，通过篇名、关键词、作者、单位等方式对文献资料进行检索的一种方法，包括常规检索和高级检索。这种方法能够比较快速、便捷、高效地找到研究文献。

直接检索法又可分为顺查法、倒查法和抽查法。顺查法是按照文献发表

（出版）的时间先后顺序，由远及近地进行查找，通过这种方法对文献进行检索，能够帮助研究者了解相关研究的发展脉络和研究延续，以便于在相关研究成果基础上，明确自身研究的侧重点和创新点，避免低水平重复研究。但是，这种检索方法比较费时费力，是对文献的比较系统化研究。倒查法则相反，是由近及远、由新到旧的检索方法，这种检索方法可以帮助研究者较快地掌握最新研究进展，但是缺乏对研究脉络的梳理，对问题研究的整个过程缺乏系统化认识。抽查法是针对研究文献数量较多、难以全部检索的实际情况，对研究领域的权威文献、权威文献的作者进行抽检的一种文献检索方法。这种检索方法针对性强，节约时间，但是局限也较大，要求检索者对于相关领域学术研究状况有充分的了解，否则可能会出现重要文献资料遗漏的情况。

总体上讲，直接检索法适用于检索工具齐全的情形，查准率与查全率均较高。针对应用型本科毕业论文（设计）而言，如果研究的问题比较新颖，需要掌握比较全面和系统的文献，采用顺查法比较合适；如果研究的问题比较古老，文献资料比较久远，采用倒查法比较适合；如果研究的问题属于长期以来人们一直关注的热点、焦点领域，研究文献较多且时间跨度较大，采取抽查法比较适中。

不管采取以上哪一种方法，直接检索法均需要对检索词提炼，围绕研究的主题提炼恰当的检索词是直接检测法的关键环节，需要注意以下几点：一是可以选择重点词语进行检索，即去除研究主题中的非重要词汇，如介词、连词、冠词等没有实质含义的虚词，选择适当的重点词语进行文献检索。就本科毕业论文（设计）而言，重点词语来自所要研究的本科毕业论文（设计）主题与题目中的核心关键词。例如，检索"中国西南地区少数民族大学生心理健康服务对策研究"的相关文献资料，重要词汇包括"西南地区""少数民族大学生""心理健康服务"，其中，"研究""对策"等词汇因无特定指向，属于非重要词汇。二是通过归并同义词和缩写词进行检索。所要研究术语的另一称呼或关联性词语均可以作为文献检索的关键词。例如，检索"学习动机"这一心理学专业术语时，可以同时检索"学习动力""学习目标""学习兴趣""内在内驱力"等关键词，通过进行对比和联系，辨析明确研究所需要的文献。当然，也要关注常用中外文缩写词的检索，例如，国际红十字会——IRC（International Red Cross），世界贸易组织——WTO（World Trade Organization），这些在文献中均是很重要的缩写关键词汇。三是尝试运用上下位概念扩展文献检索。文献资料呈现金字塔式的构造，金字塔越往上的内容越抽象概括，属于上位概念；金字塔越往下的内容越具体详细，属于下位概念。要善于运用上下位概念进行搜索，减少重要文献的遗漏。例如，检索"鲁迅小说中的人物形象"文献时，不仅要搜索"鲁迅小说"这一上位概念，还要搜索"阿Q正传""孔乙己"等下位概念。

2. 追溯检索法

追溯检索法是根据研究文献中的参考文献、引用文献目录，返回来有针对性地查找原文文献的一种文献检索方法，这种方法可以像滚雪球一样持续使用，通过一篇研究文献能查到其所引用的参考文献，又能通过参考文献的原文资料再次检索到更多的参考文献，一环扣一环，根据文献间的联系获得更多相关检索结果。追溯检索法适用于检索工具缺乏但是原始文献资料较丰富的情形。

3. 循环检索法

循环检索法又叫做综合法、分段法，顾名思义，这种方法是将直接检索法和追溯检索法交替使用的一种文献检索方法，即先通过检索工具查阅一定时期内的研究文献，再从这些研究文献中筛选出价值较高的参考文献，通过追溯检索法进行查询，如此循环往复交替进行，直至文献资料足够研究之用为止。

（三）文献检索步骤

文献检索不是漫无目的，而是根据研究的需要、遵循一定的步骤逐步展开的，应用型本科毕业论文（设计）的文献检索大概包括以下几个步骤：

1. 分析检索题目

根据本科毕业论文（设计）题目与研究内容，确定检索的关键性词汇和主题词汇，在此基础上确定文献检索的学科、专业范围、文献类型以及文献时间。

2. 选择检索工具

检索工具的选择首先在于适用性，即选择适合本科毕业论文（设计）的检索工具。其次在于习惯性，即使用自己擅长的、平时运用较多且深入的检索工具。最后在于实际性，即根据所在单位、地域的实际情况选择恰当的检索工具。在此基础上，进一步熟悉各数据库的基本情况、检索途径与相关的检索功能。

3. 确定检索途径

在掌握文献检索系统的操作方法及基本性能后，需要根据文献检索内容与目的制定有效的检索途径，有的放矢地进行文献查阅。一方面，可以根据已知的文献号码、著者信息、地名等信息进行文献检索；另一方面，可以重点通过主题词确定检索途径。

4. 选择适当文献

文献并非越多越好，面对浩如烟海的文献资料，研究者要善于辨别和采用适当的文献来满足研究需要。首先，文献资料需要具有必要性，切忌堆砌大量的无用文献，要学会对文献的合理取舍。本科毕业论文（设计）应采用最有说服力的文献资料，增强研究的权威性与合理性。其次，文献资料需要具有准确性。文献资料应该是通过正当途径获得的，具有一定的权威性和可靠性，尽量采用官方资料和统计数据，以确保研究过程的严谨性和研究结论的科学性。因此，需要对文献资料进行多方考证和辨别，不能道听途说或断章取义。再次，文献资料需要具有典型性。面对文献检索到的纷繁复杂、各具特色的文献资料，要进行严格的推敲和使用，选用最具代表性和说服力的文献资料。一般选用引用率高的、专业或领域内权威专家所撰写的、高级别期刊（包括高影响因子期刊，影响因子即 Impact Factor，IF，国际通用期刊评价指标）发表或知名出版社出版的，抑或是被《复印报刊资料》全文转载的文献资料。最后，文献资料需要具有时代性。任何研究都具有时代的局限，科学研究是一个逐步走向精确的过程。为提高研究的科学性，本科毕业论文（设计）应采用相关学科或领域的最新理论、方法、研究成果。

5. 管理文献资料

本科学生缺乏从事研究工作的经验积累，对研究领域的"权威人物""权威理论（观点）"陌生，加之按照导师的要求需要对研究内容进行反复修改，有时会出现对采用的文献无法确定其来源的现象，但是，本科毕业论文（设计）要求对采用的文献必须准确进行标注，因此，就需要重新查找文献出处，造成大量时间上的浪费。鉴于此，在对本科毕业论文（设计）的文献检索阶段，学生需要进一步做好对文献资料的管理这一环节的工作。这一工作有如下必要性。一是学生需要养成对文献资料进行有序管理与归类的习惯。常见的文献资料管理与归档可以分为三类方法，包括根据资料主题分类归档，将同性质的研究进行比较与归纳概括；根据时间先后顺序排列归档文献，按照年份来查找便于动态分析该领域或专业的发展进程和规律；根据文献作者进行文献归档，用于搜集相关特定学者的学术文献。二是学生可借助文献管理软件对电子文献进行有效管理。常见的文献管理软件包括文献之星、医学文献王、NoteExpress、PowerRef、EndNote，其中，NoteExpress 和 EndNote 适用范围最广。三是文中备注。将采用的文献资料在研究论文中进行备注，注明出处、作者、时间、期刊（出版社）等基础信息，以便及时查阅与核对。

二、文献阅读

文献检索之后，需要对文献进行阅读，熟悉文献内容，了解研究现状，掌握文献研究的新进展，明确文献的价值与意义，梳理文献与本科毕业论文（设计）的相关性，以便在研究中加以合理采纳。对于从事本科毕业论文（设计）研究的学生来说，文献阅读需要注意以下几个方面的问题。

（一）明确文献阅读的目的

文献阅读的目的在于了解与本科毕业论文（设计）选题相关的研究的历史脉络与最新进展，了解相关研究的出发点、侧重点、创新点和方法论，明确文献的贡献、存在的问题及不足，以便进一步明确选题的研究方向、研究方法和研究策略，确保自身研究的深度、广度和拟解决的主要问题，确保研究的意义、价值、目标、任务有效实现。

（二）掌握文献阅读的策略

文献浩如烟海，只有掌握科学高效的阅读策略，才能达到"事半功倍"的效果，否则，"事倍功半"。特别是对于研究道路上的"新手"而言，掌握一定的文献阅读策略，对于整个研究的有序推进显得十分重要。

1. 阅读顺序

应用型本科毕业论文（设计）重点在于通过一个相对独立完整的选题研究，培养学生发现问题、分析问题、解决问题的能力，培养学生良好的学风和科学求实的精神，培养学生"求真理、悟道理、明事理"的价值追求，这些育人目标的实现贯穿于本科毕业论文（设计）的整个过程之中，在文献阅读这一环节更是得以深度体现。

如何阅读文献？如何尽快掌握一大堆与本科毕业论文（设计）研究相关的文献的内容体系，这里首先涉及一个阅读顺序的问题。一般而言，文献阅读应遵循以下的顺序：首先，阅读综述类的文献。综述类的文献是对某一阶段内所有研究文献的综合分析和归纳，阅读这类文献能使研究者尽快掌握同类研究的方向与思路，了解有哪些作者、在哪些方面、在何种程度上对同类问题进行了研究。简言之，综述类的文献实际上给出了文献研究的时间表、路线图，综述类的文献主要以文献的研究内容、以某一时间段为范围进行分析和梳理，这就为后续研究者了解研究现状指明了方向，具有先入为主的优势。当然，阅读综述类的文献，要进行权威性鉴别，主要从作者的权威性、发表（出版）的期刊

（出版社）级别、文献的发表（出版）时间、文献的框架体系等方面进行甄别，选择最优的文献进行阅读。其次，阅读最新的文献。一般而言，后续的研究都是以前人的研究为基础，因此，后续的研究往往在深度、广度方面更具说服力，在研究内容上更具有创新性（当然，这里不排除前人研究的最优性）。作为从事本科毕业论文（设计）的学生而言，为了少走弯路，在学校规定的相对较短的时间内出色地完成研究任务，最捷径的办法就是采取"倒推法"，从阅读最新的文献开始，一步一步对某一阶段内的文献进行阅读和比对，这样，对新文献研究过的内容，在旧文献中可以快速浏览即可，只阅读新文献中没研究过的内容，更为重要的是，对于旧文献中有些研究，如果与本科毕业论文（设计）不相关或者认为研究内容不科学，可以省略阅读，等等。以此类推，实际上真正要阅读的文献资料其实大大减少，如此，一方面可以帮助我们更好地掌握同类研究的路线和策略，另一方面可以更好地帮助我们在最短的时间内掌握最有用的内容。再次，阅读最权威的文献。毋庸置疑，检索到的文献资料，难免存在良莠不齐、水平不一的情况，精选最权威的文献进行系统地研读，则既能够掌握要义，又节约了大量时间。所谓权威文献，往往是指那些专业内比较权威的人员发表（出版）的文献，初学者言往往难以辨别，因此，也可以通过高级别杂志（出版社）进行识别，一般而言，在比较权威的杂志（出版社）发表（出版）的文献，可视为权威文献。当然，对权威文献进行"精读"的同时，也要对其他文献进行"泛读"或浏览，以便比较全面掌握文献的状况。最后，阅读一般性文献。以上三方面"优先"，并不意味着对一般性文献可以忽略，而是要"兼顾"。对这些一般性文献，可以对题目、摘要、提纲、观点等方面的信息进行浏览，看对本科毕业论文（设计）的研究是否有一定帮助，如有必要，则可进一步研读，如无必要，则不必研读。

2. 阅读方法

掌握有效的阅读方法，可以提高阅读效率，全面准确高效地掌握文献的内容体系。由于每一个学科、专业具有不同的特点和规律，不同的学科、专业也就具有不同的阅读方法，但总体而言，阅读方法具有共性，以下介绍几种方法。

一是"精读"与"泛读"相结合，避免平均用力。二是"查读法"，即不一定阅读文献全文，而是根据研究的需要，查找文献中相关的论述，通过不同的文献进行比对，分析文献的推导过程和得出观点的依据，从中得出自己的结论。三是"按图索骥"式阅读。这也可以理解为"倒读法"，存在两种情况，其一是按照综述类文献的提示，查阅必要的文献（这在上文中已有阐述）。其二是按照某一文献的提示，倒查一些在内容推导过程、创新观点提出等方面具有重要支撑的文献，了解文献之间的关系。这种倒查法，有时不是只倒查一次，根据文献的实际情况，可以倒查多次，直到查到原始文献为止。

三、文献分析

文献分析是在综合整理的基础上对文献资料进行的全面、深入、专业、科学的论述与评价，其结果是文献综述。对于本科毕业论文（设计）的研究而言，掌握一定的文献分析（综述）能力是十分必要的，它不仅为本科毕业论文（设计）的撰写奠定坚实的理论基础，有效提升本科毕业论文（设计）的质量水平，而且可以培养学生严谨求实的学风和实事求是的科学态度，对于学生的终身发展产生积极影响。文献分析（综述）包括三个阶段：集中文献、整合文献、评述文献。

（一）集中文献

文献分析的第一步是集中文献。这一阶段需要对文献检索中搜集到的文献资料进行归类和集中。

1. 归类

对文献进行归类有助于了解文献的特点和规律，掌握文献的性质，便于在研究中根据需要进行使用。《2021年全国教育事业发展统计公报》公布的数据显示，2021年我国普通本科在校生1893.10万人，普通本科毕业生428.10万人。每年如此浩荡的本科毕业大军，都需要围绕自身专业完成本科毕业论文（设计），导致本科毕业论文（设计）呈现出选题的覆盖面广、类型多、研究层次不一等特点。适应各类本科毕业论文（设计）研究的需要，学生掌握和了解各类文献的类型及特点，对于各类本科毕业生完成本科毕业论文（设计）具有重要意义。

根据外在呈现形式和载体的不同，文献资料分为纸质型文献资料、声像型文献资料、缩微型文献资料、电子文献资料。纸质型文献资料主要以纸张为载体，通过油印、影印、胶印、复印等多种印刷方式，或者书写、抄写方式作为记录手段的文献类型，包括纸质出版物（期刊、报纸和书籍等）、档案（备忘录、会议记录等）、个人文献（自传、日记、家谱、信件、笔记等）。声像型文献资料也叫视听型文献资料，主要以磁性材料、感光材料为载体，通过磁记录和光记录作为记录手段的文献类型，包括录音带、录像带、电影胶片、唱片、唱盘。缩微型文献资料主要以感光材料为载体，通过缩微方式作为记录手段的文献类型，包括缩微卡片、缩微胶卷、缩微平片。电子文献资料是随着现代互联网技术应运而生的新文献类型，是以数字代码方式将图文声像等信息储存于磁光电媒介，以计算机及电子阅读网络设备的形式表达观念、传递知识、积累文化的文献，包括正式电子出版文献（如电子期刊、电子图书、电子报纸）和非正式电子出版文献（如网络行政报告、内部电子期刊与教程、会议资料）。

根据出版类型的不同，文献资料类型繁多，大概分为12种，包括图书、期刊、报纸、会议文献、专利文献、标准文献、档案文献、研究报告、学位论文、产品资料、政府出版物、短期出版物。其中，图书作为历史最悠久的文献类型之一，是单册形式的正式公开出版物。报纸作为广告新闻的重要来源途径，具有报道及时、内容广泛、通俗易懂的特点。期刊则是定期出版的有固定名称的连续出版物，数量多，内容丰富，出版周期较短，能够较及时地反映当代社会经济、科技、文化的发展水平。会议论文主要涵盖各类学术会议发表的报告和相关文章。专利文献包括了专利说明书、专利法律文件、专利检索工具在内的，根据专利法公开有关发明和技术的文献类型。学位论文是指高等院校或研究机构的毕业生在导师指导下形成的科研成果，包括博士学位论文、硕士学位论文、学士学位论文，学术价值较高，参考性较强，创新性更明显。标准文献则侧重对工程建设质量、参数、检验方法，规格等方面的技术规定，由权威性机构批准的规章性文献类型，具有法律约束力。档案文献一般内部使用，不公开发行，具有保密性，涉及政治、军事、科学、经济、技术、文化、宗教等活动形成的具有保存价值和意义的文字、图表、声像等历史记录和文件材料。产品资料主要指产品样品说明书的宣传和使用资料。政府出版物是指国家、政府以及相关部门发表的文献资料，正式且具有权威性。短期出版物包括传单、价格表、宣传册等内容，是相对简约、携带方便、可随意取用的出版物文献资料。

根据加工与深入层次的不同，文献资料分为零次文献、一次文献、二次文献和三次文献。零次文献是未经过出版发行或未进入社会交流、未转载在正规物理载体上的最原始文献，也就是未流通的"第一手资料"。私人笔记、讲稿、手稿、原始研究数据、技术档案等均属于这一范畴，具有内容新颖独特的特点，但是获取途径难、结论还有待验证。一次文献是作者将自己的科研成果发表出来形成的文献，包括专著、论文、专利文献、各类报告等，具有内容真实具体、使用价值高的特点，但是零散分散、查阅范围大。二次文献又叫检索性文献，是以一次文献的筛选、精炼、浓缩、加工为基础，根据各文献主题编制多种检索途径的检索工具，包括索引、题录、文摘，具有有序、集中等优势特点。三次文献又叫做参考性文献，是以二次文献的内容进行分析、整合、研究、评述为基础，在系统检索一系列相关文献的基础上撰写形成的文献类型，包括文献述评、动态综述、进展报告、年鉴、手册。三次文献可进一步分为综述研究型（如综述、述评等）和参考工具型（如词典、字典、百科全书等）。总的来讲，一次文献是二次文献的基础和检索对象，三次文献是一次文献和二次文献的延伸和浓缩。

根据内容公开程度的不同，文献资料分为白色文献、灰色文献和黑色文献。白色文献包括了一切正式出版、社会流通的文献类型。灰色文献也叫做半文献，特指非公开发行的内部文献，或者是不公开也不保密，处于限制流通的文献类型。黑色文件是处于保密状态，并未对外公布内容的文献类型，包括个人隐私材料、军事情报、保密专利技术等。

2. 集中

在对文献资料进行归类后，为有效使用这些文献，需要对文献进行有序的集中记录，目的在于对各类文献进行宏观的、整体的把握，以便分析文献的内部规律与发展脉络。文献集中的目的在于通过分类记录各类文献的有用信息，包括作者信息、核心观点、文献质量、参考文献等，便于对各类文献进行查找和比对，以便作者比较便捷地发现文献之间的联系和规律，在研究过程中随时筛选有价值的文献。这里可以通过制作"文献集中矩阵图"的方式来完成（见表3-1）。"文献集中矩阵图"运用了教育心理学中的组织策略原理，将冗长、复杂的原始文献资料通过图表、书目卡片等方式，简单、明了地转移到一个矩阵图之中。

表3-1 文献集中矩阵图

整理条目	文献集中			
	关键词	重点参考文献	核心观点	文献质量
条目说明	来自图书与书目检索	来自图书与书目检索	来自图书与书目检索	文献是否符合标准（是或否）
作者篇名期刊1				
作者篇名期刊2				
……				

"文献集中矩阵图"的制作形式是灵活多样的，要根据本科毕业论文（设计）的研究需要进行制作：可以根据文献时间阶段的不同进行分门别类的制

作,以便于发现文献的阶段性特征;也可以根据不同作者信息进行文献资料的分组,探索某一主题下不同研究者的研究特点与趋势;还可以是根据不同期刊类型进行制作,以了解该领域的研究深浅程度;还也可以是根据不同主题进行制作,便于对各类文献进行分析比对,等等。

(二)整合文献

整合文献即对文献的大体内容进行简要的分类、梳理和评价,便于作者在本科毕业论文(设计)的研究过程中比对、分析和采用。整合文献相较于集中文献显得复杂和系统,需要将文献进行基本的阅读和了解,掌握文献的研究方向、论证方法,有针对性地浏览一些对本科毕业论文(设计)有用的论据资料并核对这些资料的真实可靠性。在这个过程中,需要对文献的质量水平进行初步的评价,分析同类文献的异同和特点,选择一些比较权威、时近、具有较高创新性的文献。为了有效甄别一些资料的真伪,有时需要查找原始文献,有时需要对相关数据和资料进行核实。整合文献也可以通过制作"文献整合矩阵图"的方式来完成(见表3-2)。

表3-2 文献整合矩阵图

整理条目	文献整合			
	论据分类	论证方式	简单论断	论断的可接受性
条目说明	将文献放在合适位置作为论据	这组论据使用的论证方法	这一文献资料是这一论断的论据	论断是否符合标准(是或否)
作者篇名期刊1				
作者篇名期刊2				
……				

"文献整合矩阵图"的制作形式也是可以根据研究的具体需要进行的,为了方便对文献的比对、分析和使用,可以将文献中包含的重要信息进行不同的分类,分门别类地将不同文献中的同类要素进行整合,从横向整合的角度对文献要素进行统计和分析,发现其中的规律和趋势。在文献整合的过程中,对一些在矩阵图中无法包含的要素,可以通过备注的形式进行记录,同时,对一些重要的文献,也可采取"解剖麻雀"式的分析和研究,较为详细地将其中对本科毕业论文(设计)有用的信息进行汇总。

（三）评述文献

在以上文献集中、整合的基础上，需要对文献的总体状况进行评价，对文献的研究方向、重要关注点、创新点、研究方法的科学性合理性、存在的问题及不足等方面形成一系列评价性判断，以便在本科毕业论文（设计）的研究过程中对各类文献加以取舍。文献评述实际上是文献综述的简要形式，也可以看做是为文献综述做准备的阶段，是对一些文献在了解其基本观点、论证过程的基础上进一步梳理其内容体系、方法步骤，探索其中的特点和规律。评述文献也可以通过"文献评述矩阵图"的方式来完成（见表3-3）。

表3-3 文献评述矩阵图

整理条目	文献评述		
	简单论证	复杂论证	复杂论断
条目说明	将简单论断作为主要论断的依据	用来证明复杂论断的论证方式	通过发现式论证得出的观点、主题
作者篇名期刊1			
作者篇名期刊2			
……			

评述文献相较集中文献、整合文献更为深入和复杂，是对文献资料的全方位把握和系统性分析。所谓全方位把握，是不仅对文献中包含的论点、论据和论证的掌握，而且也包括对文献的研究过程和主要创新的把握。所谓系统性分析，是指不仅要对文献本身进行分析，而且需要对众多文献之间的区别与联系进行分析和评价，以便有倾向性地在本科毕业论文（设计）的研究过程中对有关文献进行取舍，服务于本科毕业论文（设计）研究的需要。"文献评述矩阵图"的制作形式灵活多样，可根据研究的需要和学生个人的实际情况进行制作。

文献研究一般较为新颖，但是往往主观随意性较大，特别是文科类的研究，往往缺乏实验或者精确化的验证，不同作者之间众说纷纭，真伪难辨。在这个过程中，可以删除一些不必要的文献，为本科毕业论文（设计）的完成提供优质的资料，不被杂乱无章的文献所困惑。在这种情况下，我们往往选择在本研究领域具有更高权威的作者的研究成果，或者选择在级别较高的刊物上发表的文章，在文章质量相近的情况下，倾向于选择发表时间较近的文献。

四、文献综述

文献综述是在文献分析的基础上写出的述评式论文，是对文献资料的全面系统分析和论证过程。文献综述是支撑本科毕业论文（设计）的重要材料，完成文献综述是本科毕业论文（设计）前期准备工作中的重要环节。文献综述的内容和结构大概包括论断、推理和论据三个方面。

论断包括事实性论断、价值性论断、概念性论断、解释性论断、政策性论断：事实性论断是关于人物、地点、事件的陈述，主要用于陈述事件事实，其论据源于各类原始文献资料；价值性论断是关于文章观点是否优劣、研究过程是否合理等方面做出的评价与判断，主要用于评断研究过程与观点的有效性，其论据源于学科领域专家提供的支持性资料；概念性论断是关于文章观点的描述、现象的定义等，主要用于对某一专业术语下定义，其论据同样源于学科领域专家提供的支持性资料以及权威期刊；解释性论断是为了更好地理解某一观点而提供的参考资料中的研究框架与研究思路，主要用于联系各概念的内在联系框架，其论据源于经过学科领域专家证实的实证研究、统计研究、文件等；政策性论断是确定标准和准则的论断，主要用途是通过这一论断来建立模型，综合资料，提出对策、建议和措施，其论据源于学科领域专家轶事类的支持性资料。

论据是支撑论断的系列文献资料。合格的论据具有四个特点：（1）文献资料是经过了有目的的筛选和精心挑选的，具有相关性。并非所有的文献资料都是论据，只有符合主题的、目标明确的、经过整合的文献资料才是论据。（2）文献质量高，可信度强。高质量的文献要对研究对象的真实面貌进行客观、准确的描述与呈现，且具有可信性和权威性，是可以推广和重复使用的。（3）论据能够有效地限定论断。好的论断能够体现某一具体领域的深入研究，这也一定程度规定了研究的范围，是有专业领域属性的。好的论据能通过文献资料缩小、锁定论断研究的范围，具有专业性、深入性和相对独立性。

推理即对论据进行论证的逻辑，是用一定的逻辑形式呈现论据的过程，证明论断的重要性。常见的推理形式包括一对一推理（这是最基本的原因与论断的直接对接关系）、并行推理（适用于文献资料丰富且观点概括水平一致，用多个资料同向同理由来证明结论）、链式推理（这是连贯式推理，引用多个论证过程，环环相扣，以一对一推理为基础，前一个一对一推理是后一个论证的论据，直到证实了最终结论为止）、联合推理（每一个原因都不能独立存在，需要合并相加后才能证实最后的结论，达到"1+1>2"的效用）。

它们可以各自表述为：

一对一推理的表述方式为"原因 R∴论断 C"。

并行推理的表述方式为"原因 A，原因 B，原因 C……原因 N∴论断 X"。

链式推理的表述方式为"原因 A∴论断 A"+"原因 B∴论断 B"+"原因 C∴论断 C"……"原因 N−1∴论断 N−1"∴论断 N。

联合推理的表述方式为"原因 A+原因 B"∴论断 C。

归纳可知，文献论证的常用途径是：通过文献资料 A、B 到 N，形成有组织的论据，以逻辑桥梁为核心进行推理后，得出论断。由此可见，推理要素在文献论证中的核心地位。当然，随着研究的深入，文献论证方式日趋复杂，目前大部分的文献论证是由多个简单论证，以文献资料为论据，证实每一个简单论证的论断，并在此基础上，结合多个简单论断得出新论据，以此来佐证复杂论证中的核心论断。这里，提到了"简单论证""简单论据""简单论断"的说法，并进一步可延伸出"复杂论证""复杂论据""复杂论断"的内涵。

综上，可以通过三个方面来检验文献论证的有效性。（1）论文的论断是什么？（2）支持这一论断的观点有哪些？（3）反推一下，这些观点能够证明这个论断吗？这些观点的论据（文献支撑材料）来自哪里？论断是否可以根据一定的逻辑从论据中普遍性推导得出？

第三节　学术表达

学术表达就是针对研究的问题，在前人研究的基础上，把创新性的观点、理论、思想、技术、设计等通过规范的方式完整地呈现出来。本科毕业论文（设计）的最终目的是要把学术思想规范地表达出来，为同类问题的进一步研究奠定基础，也是成果转化与应用的前提。一个好的本科毕业论文（设计），其表达形式应该内容新颖充实、重点突出、逻辑层次清晰、文字表述简洁、详略得当、图文并茂，符合学术规范。本科毕业论文（设计）的学术表达主要通过框架结构、写作规范、时间安排等方面进行观测和予以保障。

一、框架结构

（一）常见的论文结构类型

本科毕业论文（设计）虽然分为不同的类型，但与论文的基本结构是一致的。一般来说，一篇本科毕业论文（设计）包括引论、本论和结论三部分，需要注意的是，三者仅作为结构存在，并不能作为论文的各级标题。

引论是引出论文要研究的主题，是本科毕业论文（设计）的引言部分。

本论是论文要研究的主体和核心，本科毕业论文（设计）的本论包括鲜明的论点、充足的论据，以及有力的论证，做到有理有据、循序渐进、层次分明。

结论也是论断，在论文的收尾和结束部分，是对论文研究内容的结果呈现。

学术表达可以按照先总后分、先分后总、总分总、问题解决结构四大编排模式展开。

先总后分的编排模式是我们常用的逻辑演绎过程，即先提出毕业论文（设计）的论点（核心观点），接着从不同角度和方面分别进行论证，可以表述为："核心论点，论点1+论据1、论据2、论据3，论点2+论据1、论据2、论据3，……"。

先分后总的编排模式则刚好与前一模式反过来，是我们常用的逻辑归纳过程，即先从不同角度和方面分别进行论证，再归纳得出总体结论，可以表述为："论据1、论据2、论据3推出论点1，论点2+论据1、论据2、论据3推出论点2，……，总论点。"

总分总的编排模式将"先总后分"与"先分后总"两大模式进行了整合，同时运用逻辑演绎与逻辑归纳，即先总述再分述最后再总述，可以表述为："总论点，论据1、论据2、论据3，……，总论点"。

问题解决结构的编排模式与之前均有所不同，是从提出问题、分析问题、解决问题的逻辑思路进行的架构，可以表述为：提出问题（包括不足、局限、冲突），分析问题（包括现状、价值、意义），探寻原因（包括内因、外因），解决问题（包括提出建议、对策）。

（二）本科毕业论文（设计）的结构要素

一篇完整的本科毕业论文（设计）包括封面、原创性声明、摘要、关键词、目录引言、正文、结论、后记、参考文献、附录、致谢这几大部分，缺一不可。

1. 封面

本科毕业论文（设计）有其特定的封面。封面单独成页，有统一排版要求，包括了论文的题目、作者信息、学校专业、指导教师。同时，题目、作者信息在正文之前要二次呈现，说明二者的重要性。

题目是整篇本科毕业论文（设计）的主旨。题目是反映本科毕业论文（设计）内容最简明恰当的词语组合，可以是一个标题，也可以加上副标题以补充说明论文研究的特定信息。好的题目不仅更吸引作者深入研究，也吸引读者深入阅读。

作者信息包括姓名、学校、专业、年级、地区、通讯邮箱等重要信息，旨在维护本科毕业论文（设计）作者的权利，是保护知识产权的需要，同时也是对作者学术道德规范的要求，起到文责自负的功能。论文发表后，通过对作者署名的检索可及时查阅到相关文献与作者联系方式，便于后期学术研究、交流共享。除此之外，还需在本科毕业论文（设计）中呈现指导教师姓名及职称等信息。

2. 摘要

摘要是本科毕业论文（设计）全文的缩影和高度精简，是对本科毕业论文（设计）正文内容不加任何诠释与评论的简明陈述，明确归纳了整篇论文的研究目的、研究方法、研究内容，清晰明了地阐述了研究结论与研究结果。摘要能快速地协助阅读者在不用完全阅读全文的情况下，掌握这篇论文的研究价值、创新之处与研究结果。摘要是具有独立性特点的，它可以作为一篇完整的小短文单独存在并使用，内容完整、具体、一目了然。每篇本科毕业论文（设计）中均包括中英文摘要，英文摘要以中文摘要为基础进行专业翻译。

3. 关键词

关键词是为了便于读者检索与快速浏览，从论文题目以及论文核心论点中选取出来的系列主题词的逻辑性组合。每篇本科毕业论文（设计）中均包括中英文关键词，英文关键词以中文关键词为基础进行专业翻译。

4. 目录

目录是本科毕业论文（设计）正文前所载的目次，包括本科毕业论文（设计）中所有级别的标题、参考文献、附录、图表清单、索引内容，以及这些内容所对应的页码。一个好的目录会让读者快速抓住论文研究的核心点，且给人一种严谨整齐的积极心理感受。

5. 引言

引言又叫做前言、导言、绪论、问题提出，主要回答了"为什么要研究这个主题"，开门见山地提出了本科毕业论文（设计）的选题背景、研究价值（包括理论价值与实用价值）、研究意义、研究范围和研究目的所在，促进读者对该文章的一个总体了解。引言不同于摘要，前者是论文研究的背景知识与原因，后者是论文的梗概，近乎全文缩写。

6. 正文

正文是本科毕业论文（设计）最主要、字数最多的部分，是本科毕业论文（设计）的具体呈现方式，是对论文选题的研究过程、研究结果进行详细论述的主体环节，论文的论点、论据、论证均在此部分体现，包括论文研究的假设、模型建立、实验方案拟定、基本概念、理论基础界定、研究方法与对象确定、实验方法、内容分析、理论论证方式阐述等。

7. 结论

结论又叫结束语，它是本科毕业论文（设计）对研究内容的成果概述，是整个研究过程的结晶与精华，整篇论文均是为了得出这一结论而做出了各种努力研究。同时，结论部分还包括本研究的不足以及后期待解决的问题之处。

如果本科毕业论文（设计）是学术性文章，结论部分需要阐明本研究的新发现与观点，概括出规律性理论以及适用范围。如果本科毕业论文（设计）是技术类文章，结论部分则需要表明本论文中理论与技术成果的科学性、创新性与前沿性，根据文章需要可进一步提出该理论与技术的适用条件、范围以及改进建议等。

8. 参考文献

它是撰写本科毕业论文（设计）时使用和借鉴到的相关文献，在正文后按照一定顺序罗列出来，也是论文非常重要的组成部分。

9. 附录

包括本科毕业论文（设计）研究中设计的各类问卷、测评工具、人口学信息的搜集知情同意书的介绍等。

10. 致谢

这一部分用来感谢为本科毕业论文（设计）的研究提供了帮助的个人、集体、机构。

二、写作规范

写作规范是学生在完成本科毕业论文（设计）的过程中必须遵守的基本规范和操作规程，它是学术研究创新性的保障，也是保护知识产权的需要。

（一）本科毕业论文（设计）的基本规范

1. 严密的推导过程

推导过程是学术研究的内在机理，只有遵循严密的推导逻辑，才能确保研究过程的严谨性和研究成果的科学性，这在应用型本科毕业论文（设计）中被称为"逻辑建构"。它不是简单地把一些材料堆积在一起，而是一个严密的论证过程，遵循严格的论证方法。论证的方法有很多，视论证的内容而定，一般情况下，应用型本科毕业论文（设计）采用较多的论证方法主要包括以下几种。

（1）演绎法

演绎法是从一般性知识推导出个别性知识的推理方法，演绎推理的主要形式是三段论，即大前提、小前提和结论。大前提是一般事理，小前提是个别事物，结论就是论点。用演绎法进行论证，必须符合演绎推理的形式：作者所根据的一般原理即大前提必须是正确的，而且要和结论有必然的联系，不能有丝毫的牵强或脱节，否则会使人对结论的正确性产生怀疑。

演绎法是应用型本科毕业论文（设计）经常采用的一种基本方法，学生在进行写作的过程中只有全面掌握该方法的原理，才能得出正确的、令人信服的论点（结论），不能为了得出自己假设的结论而违背演绎法的逻辑规则。但是，在研究过程中，根据学术思想表达的需要，对三段论推理过程的表述可以灵活处理，有时省略大前提，有时省略小前提。

（2）归纳法

归纳法是从个别性知识推导出一般性结论的推理方法。根据所考察对象范围的不同，归纳推理分为完全归纳推理和不完全归纳推理。完全归纳法考察了某类事物的全部对象，不完全归纳法则仅仅考察了某类事物的部分对象，并进一步根据前提是否揭示对象与其属性之间的因果联系，把不完全归纳推理分为简单枚举归纳推理和科学归纳推理。在一类事物中，根据已观察到的部分对象都具有某种属性，并且没有遇到任何反例，从而推出该类事物都具有该种属性的结论，这就是简单枚举归纳推理。科学归纳推理是根据某类事物中部分对象与某种属性间因果联系的分析，推出该类事物具有该种属性的推理。科学归纳推理由于其主要特点是考察对象与属性之间的因果联系，因而有助于引导人们去探求事物的本质，发现事物的规律，从而比较可靠地把感性认识提升到理性认识。

在现代科学研究中，则经常运用概率推理，将统计逻辑运用于归纳法。运用概率推理，我们可以获知某事件发生的可能性有多大，或者说某事件发生的机会有多大。

归纳推理要以个别性知识为前提，为了获得个别性知识，就必须收集经验材料，收集经验材料的方法有观察、实验等。通过观察、实验等方法得到的经验材料，需要经过加工整理，才能形成科学的结论。整理经验材料的方法有比较、归类、分析、综合、抽象与概括等。

应用型本科毕业论文（设计）在运用归纳法得出结论的时候，应严格按照归纳法的特点、规律，按照严格的步骤进行推导，确保研究成果的科学性和可靠性。

（3）对比法

对比法是一种由个别到个别的论证方法，通常又分为两类，一类是类比论证，另一类是对比论证。类比论证是根据两个对象在某些属性上的相同或相似，推论两者在其他属性上也有相同或相似，其逻辑形式为：A 具有 a、b、c、d 的属性，B 具有 a、b、c 的属性，所以，B 可能具有 d 的属性。类比论证是一种从特殊到特殊、从个别到个别的推理方式，其结论不一定为真，只有一定程度上的可靠性。一般来说，类比推理的可靠程度取决于共有属性和推出属性之间的联系；如果共有属性和推出属性之间的联系密切，结论的可靠程度就越大；如果联系程度低，结论的可靠程度就低；如果是无关的，就不能进行类比。

对比论证则是一种求异的思维方式，它侧重于从事物的相反或相异的属性的比较中来揭示需要论证的论点的本质。对比可以是两个对象之间的比较，也可以是同一对象自身前后不同阶段之间的比较，前者称为横向比较，后者称为纵向比较。应用型本科毕业论文（设计）运用对比论证要注意两个问题：一是比较的双方要具备可比性；二是要建立合理的参照系。所谓参照系指的是用来衡量和确定双方优劣长短的标准，这样的标准必须具有客观性，否则比较的结论不一定可靠。

2. 遵守学术道德

恪守学术道德、遵守学术规范是完成本科毕业论文（设计）的最起码要求。本科毕业论文（设计）要在导师的指导下独立完成，切忌论文抄袭与剽窃，不要存在任何侥幸心理。本科毕业论文（设计）正式提交之前，须有学生和导师的亲笔签名。

3. 字数要求

本科毕业论文（设计）正文字数大体在 4000－8000 字之间，不同学科专业之间具有不同的要求，例如，理工类本科毕业论文（设计）因为含有大量表格、程序等，字数要求在 6000 字以上，文科类本科毕业论文（设计）字数要求在 8000 字以上。

（二）本科毕业论文（设计）的格式规范

1. 页面格式规范

封面要使用学校提供的统一格式，题目居中，学号、专业等信息左侧对齐。本科毕业论文（设计）采用标准的A4白纸，用规范普通话汉字呈现，双面打印，左侧装订成册，页边距为标准格式（上下各为2.54cm，左右各为3.0cm，装订线0cm，页眉页脚各为2.80cm）。论文页码设置为5号，A4纸最下方居中位置。同时，论文会因为不同板块的需求而设置隔页编码，按照"插入"—"分隔符"—"选择分节符类型的下一页"—"插入"—"页码"—"格式"—"页码编排处选择起始页码为1"进行操作。

2. 题目、摘要、关键词规范

（1）题目规范

本科毕业论文（设计）的中文题目一般不超过20字，能简单明了、准确地概括论文研究的核心内容，题目中涉及的词汇须有利于关键词、编制题录、索引等快速检索定位的实用信息，不出现非公认字符、代号、专业术语以及缩写词汇等，且本科毕业论文（设计）题目中的文字均为我国标准的规范字体，不能出现外文单词。题目的位置既出现在封面中，也在正文前所有体现。题目的格式要求如下表所示：

规范对象	字体	位置	行距
中文标题	小二号黑体	居中	单倍行距（段前段后各空一行）

本科毕业论文（设计）的英文题目中的实词首字母大写，虚词均小写。

（2）摘要

摘要不是简单重复题目中的已有信息，表述要规范，使用专业术语，不书写缩写词、代号、略称、公式、插图、表格、化学结构等。摘要以第三人称进行描述，例如，用"对……进行了研究（调查）""报告了……情况（现状）"等表达方式，不使用"本文""本研究""我们（我）"等词汇开头。摘要字数控制在200～300字左右，结论部分的阐述量化且表述清楚。摘要格式见表3-4。

表 3-4　摘要

	字体	位置	行距
中文摘要（标题）	小三号黑体	居中	单倍行距（段前段后各空 1 行）
中文摘要（内容）	小四号宋体	首行缩进 2 个中文字符	行距 20 磅（段前段后为 0 行）
英文摘要（标题）Abstract	三号加粗 Times new roman	居中	单倍行距（段前段后各空 1 行）
英文摘要（内容）	小四号 Times new roman	首行缩进 2 个英文字符	行距 20 磅（段前段后为 0 行）

（3）关键词

关键词在摘要之后，用 3~5 个能够表达本科毕业论文（设计）中心内容的词汇中间用分隔符号";"进行间隔，末尾不使用标点。要求关键的词汇均为实词。英文关键词的翻译主要以名次、动名词为主，间隔标点符号用英文逗号，末尾不使用标点。摘要的格式见表 3-5。

表 3-5　关键词

	字体	位置	行距
中文关键词	小四号宋体	段前为 1 行，段后为 0 行	行距 20 磅
英文关键词（Key Words）	英文标题加粗，字体大小均为小四号 Times new roman	段前为 1 行，段后为 0 行	行距 20 磅

3. 目录规范

目录要求与论文正文中的标题一致，是在全文写完后，运用微软系统 Word 自动生成。具体操作方式为：首先，将一级标题点击拖黑，按照"格式"—"样式"—"标题 1"进行操作，对其进行字体、位置、行距等调整，通过格式刷一致相同层次的标题。按照这一操作将各级标题进行规范。其次，将各级标题按照"插入"—"引用"—"目录与索引"—"确认"进行操作。如果目录改动较大，按照"更新域"—"更新整个目录"进行操作；如果目录改动较小，如各级标题没有变化，按照"仅更新页码"进行操作即可。目录格式见表 3-6。

表 3-6 目录规范

	字体	位置	行距	备注
标题	三号黑体	居中	单倍行距，段前与段后各为 1 行	加粗
一级标题	四号宋体	两端对齐、页码右对齐	单倍行距，段前与段后各为 0 行	加粗
二级标题	小四号宋体	两端对齐、页码右对齐，左缩进 2 个中文字符	单倍行距，段前与段后各为 0.3 行	无
三级标题	小四号宋体	两端对齐、页码右对齐，左缩进 4 个中文字符	单倍行距，段前与段后各为 0.5 行	无

4. 正文格式规范

（1）本论部分的写作要求结构合理，层层相扣。如果是理论类论文，需明确理论假设与合理性，阐述清楚分析方法、计算方式、实验方法等，分门别类地提出前人研究的内容、自己研究的内容、自己创新的内容；结果部分是通过理论分析得出的结论（类似于综述类论文），需明确理论适用的条件与范围；如果是实证类论文，需明确实证用的装置、过程、操作程序，验证实证假设，推断事物发展客观规律与特征；结果部分是定量与定性分析，需明确数据处理方法与数据误差分析，阐述理论假设推导的合理性。

（2）结论部分集中反映了作者的论文研究成果，其写作要求措辞精确、概括严谨，不出现"可能""应该"等主观词汇，且要点精简，一语中的地进行表述，不用抽象与笼统的语言表达，实事求是。

（3）层次标题。

文科类论文更适用于以下的层次标题，按以下分级。

一级标题：数字加顿号，表述为"一、""二、""三、"……

二级标题：括起来的中文数字，不加任何标点符号，表述为"（一）""（二）""（三）"……

三级标题：数字加圆点，表述为"1.""2.""3."……

四级标题：括起来的阿拉伯数字，不加任何标点符号，表述为"（1）""（2）""（3）"……

五级标题：表述为"①""②""③"……

六级标题：表述为"第一、第二、第三……"，或者"首先，其次，再次，最后……"。

理工类、实证类论文更适合于以下的层次标题，从一级到四级标题分别表述为:"1""1.1""1.1.1""(1)"……此类标题均要求左顶格,编号空1个中文字符后接标题名称,各级标题均单独成行。

标题的格式见表3-7:

表3-7 标题

	字体	位置	行距	备注
一级标题	三号黑体	居中	单倍行距,段前与段后各为1行	加粗。题号与标题名称之间空1个中文字符
二级标题	小四号黑体	首行左缩进2个中文字符	单倍行距,段前为1行,段后为0.5行	加粗。题号与标题名称之间空1个中文字符
三级标题及以下	小四号宋体	首行左缩进2个中文字符	单倍行距,段前为1行,段后为0.5行	题号与标题名称之间空1个中文字符
段落文字	中文宋体;英文Times new roman。均为小四号字体	两端对齐、段落首行左缩进2个中文字符	行距20磅,段前与段后各为0行	无
注释	小五号宋体	无规定	无规定	若标注为"脚注",需在当页正文下方;若标注为"尾注",需在正文文末

5. 参考文献、附录、致谢、页码规范

(1) 参考文献

参考文献位于本科毕业论文(设计)正文的后面,要求文献中提及的资料与正文中的引用情况是一一对应起来的,包括作者信息、论文题目、序号呈现等。严格采用国家标准GB7714-87的顺序编码制格式,格式如下:

①期刊论文的格式规范:作者. 篇名. 期刊名[J],出版年,卷号(期号):起始页码—结束页码。

②学位论文的格式规范:作者. 篇名[D]. 授学位学校单位,授学位年。

③会议论文的格式规范:作者. 篇名[A]. 文集名. 会议名,会议地址,开会年:起始页码—结束页码。

④著作、书籍类的格式规范:作者. 书名[M]. 出版地:出版社,出版年. 起始页码—结束页码。

⑤网络检索的格式规范：(作者). 篇名 [EB]. 网址。当部分内容来自网络资源，并没有涉及具体作者人名时，可仅呈现篇名与索引网址。

其中，英文参考文献的第一个词的首个字母大写，其余为小写。

（2）附录

附录内容包括实际案例、数据分析、量表内容、实验结果符号等，它作为毕业论文的重要参考价值，不放入正文，放在最后便于读者查阅。

（3）致谢

书写简短的文字对本科毕业论文撰写中给予过帮助与指导的人员、机构、单位表达谢意，例如指导教师、答疑人员、家人朋友等。

参考文献、附录、致谢、页码格式见表3-8：

表3-8 参考文献、附录、致谢、页码规范

	字体	位置	行距	备注
参考文献（标题）	四号黑体	顶左位置	单倍行距，段前与段后各为1行	加粗，独立成页
参考文献（内容）	中文宋体；英文Times new roman。均为小四字号	段落格式	行距16磅，段前与段后各为0行	要求与正文连续编码页码
附录（标题）	与正文各级标题要求一致	顶左位置	单倍行距，段前与段后各为0行	加粗，独立成页
附录（内容）	中文宋体；英文Times new roman。均为小四字号	两端对齐，左缩进2个中文字符	行距20磅，段前与段后各为0行	要求与正文连续编码页码
致谢（标题）	三号黑体	居中	段前与段后各为1行	加粗，独立成页
致谢（内容）	小四仿宋	左缩进2个中文字符	行距20磅，段前与段后各为0行	要求与正文连续编码页码

三、时间安排

合理安排与科学使用时间是完成本科毕业论文（设计）的基本保障。本科毕业论文（设计）一般在本科阶段的最后一个学期，学生面临就业、深造、实践等多重压力，如果真正投入到本科毕业论文（设计）中的时间不够，或者不能有效利用，本科毕业论文（设计）很难完成或保障质量。因此，本科毕业论

文（设计）的时间安排非常重要，不可忽视。要教育引领学生充分重视和合理安排用于本科毕业论文（设计）的时间，确保本科毕业论文（设计）保质保量完成。

（一）合理、灵活安排本科毕业论文（设计）时间

在本科毕业论文（设计）环节和学生就业、考研等中寻求平衡点，避免冲突，统筹规划。

1. 适当延长本科毕业论文（设计）时间

一般的教学计划中本科生的毕业论文（设计）时间大约在一个学期，时间不够充足。应用型本科毕业论文（设计）强调实践、创新性，为了使学生有足够的时间选题开题、制定方案、设计实验、收集资料，在教学条件允许的情况下，可以适当延长毕业设计的时间，让学生提前进行本科毕业论文（设计），本科生由原来的一个学期延长到一个半学期以上。

2. 灵活设置本科毕业论文（设计）时间

由于本科毕业论文（设计）容易与其他教学活动相冲突，本科毕业论文（设计）的时间安排应更加灵活。可以将本科毕业论文（设计）与教学相结合，提前启动本科毕业论文（设计），避免与毕业学期其他活动相冲突。一是将本科毕业论文（设计）工作贯穿在整个本科教育阶段，注重在实践教学环节中循序渐进地在渗透科研方法、实践能力和创新意识，让学生在平时的学习中习得完成本科毕业论文（设计）所需要的基本能力。二是将本科毕业论文（设计）与学生创新创业项目、学科竞赛相结合。创新创业项目和学科竞赛都是实践教学环节的重要组成部分，对学生创新思维训练创新能力培养和综合能力素质提升有着显著作用。创新创业与学科竞赛一般都在中年级阶段安排，将创新创业与学科竞赛有意识地地设计为本科毕业论文（设计）的选题，超前性地培养学生的实践能力、创新思维和团队协作能力，这样避免了本科毕业论文（设计）与其他活动相冲突，给予本科毕业论文（设计）充足的时间保证。三是将本科毕业论文（设计）与教师的科研项目结合起来。应用型高校教师的科研课题大多数是与地方发展密切联系的、具有应用价值的课题，学生参与教师科研课题，通过帮助教师收集课题资料和数据，分析数据和结果，可以第一时间获取本科毕业论文（设计）的相关资料和素材，提高本科毕业论文（设计）的质量和应用性。本科生在低年级就可参与教师的科研课题活动，在参与教师的课题的过程中可以有意识地进行本科毕业论文（设计）的选题，可以超前性掌握完成本科毕业论文（设计）所需要的研究能力。

（二）本科毕业论文（设计）的阶段安排

1. 理论准备阶段

（1）论点提炼

论点是在撰写本科毕业论文（设计）前最早形成的观念认知，论点决定着毕业论文（设计）的结构、内容和论证方式。本科毕业论文（设计）的论点不是凭空产生的，通常来自文献资料的收集与分析，是一个专业梳理和理论积累的过程，一般需要较长的时间。导师要引领学生善于思考和提炼，培养学生的创新能力。

（2）理论梳理

本科毕业论文（设计）的撰写离不开理论支撑，有深厚理论基础的论文才有高度。理论准备是一项系统工作，要善于收集整理与本科毕业论文（设计）主题密切相关的经典理论著作、论文等资料，也要善于将理论与实践紧密结合，真正做到理论联系实际，在正确理论指导下解决实际问题。

2. 逻辑建构阶段

（1）逻辑构思

逻辑构思主要是对拟研究的对象和问题进行全方位的思考和建构，以便对研究过程有一个大致明朗化的整体认知。逻辑构思需要对研究过程中的一系列问题进行反思，包括研究的目的、意义、必要性及可行性，研究的理论假设、方向、思路、方法与具体措施，拟解决的关键问题及主要创新，明确研究的对象和问题在相关研究领域中的具体定位，等等。

（2）框架设计

框架设计是对研究内容的结构设计。在逻辑建构的基础上，需要对研究内容进行整体设计，以便按照既定方向推进研究过程。框架设计的结果是提纲，通过提纲简明扼要地将整个研究内容进行呈现。编制提纲要按照研究内容的外延进行，将整个研究内容分为几个互相联系、层次递进的模块，代表一级提纲。每一级提纲下面同样按照逻辑关系和层次一一设计二级提纲，以此类推。提纲一般按照从概括到具体、从大框架到小细节的顺序设计为三级，要求各级提纲标题恰当、上下逻辑清晰、层次分明、前后衔接自然且紧密。同时，提纲不是固定不变的，需要随着研究过程和研究内容的变化及时修改完善，以便适应内容的需要。

3. 起草初稿阶段

本科毕业论文（设计）初稿的完成大概需要 1 个月的时间，初稿的起草是一项系统工作，涉及方方面面的问题。

（1）起草初稿的基本要求

本科毕业论文（设计）初稿的起草是以上逻辑建构的实现过程，是将研究内容、学术思想通过一定手段表达出来的过程。本科毕业论文（设计）的初稿的起草，不仅是一种良好的写作训练方式，也是一个培养学生正确的思维能力和学术研究能力的过程，更是一个充分调动学生积极性、主动性和培养学生坚强毅力的过程。

为了保证质量，也为了培养学生多方面的素养与能力，本科毕业论文（设计）初稿的起草有多方面的要求：①解决问题要有创新性，观点要新颖；②论证要有说服力，做到有理有据；③论据要确凿，具有典型性和代表性；④行文要顺畅，逻辑性强，前后协调连贯；⑤格式符合学校有关本科毕业论文（设计）管理文件的基本要求。

（2）起草初稿的常用方法

一是根据本科毕业论文（设计）提纲的顺序来写。这种方式适用于前期阶段本科毕业论文（设计）提纲已经经过了反复论证，框架结构基本定型的情况。这种情况下，学生在对本科毕业论文（设计）各部分的内容均已胸有成竹，各部分材料准备到位，本科毕业论文（设计）的起草就比较顺利。当然，本科毕业论文（设计）初稿的起草，也不是仅仅按照提纲要求把事先准备好的材料"装"进去，而且应该严格遵循本科毕业论文（设计）的特点和规律，按照一定的要求来写，比如自然段之间的衔接、前后照应、上下文之间的逻辑关系、数据材料与论述材料的互相匹配，等等。同时，起草的过程也是对既定提纲进行修订的过程，如果在起草的过程中发现原来的提纲尚不完善，或者需要上线调整，均需根据论证的需要进行适当调整。

二是打破提纲顺序，按照重点难易程度来写。本科毕业论文（设计）篇幅较长、内容较多，又有重点和难易之分，按照提纲顺序来写，往往容易造成前重后轻或详略失当的现象发生。面对内容较多的起草任务，应将学生的主要精力和注意点放在重点问题的解决和难点环节的突破上，因此，可以考虑先入为主，将重点和难点问题加以优先解决，实行重点突破以后，再完善本科毕业论文（设计）其他各环节的内容。当然，也可反之，由易到难、由浅入深地进行起草，学生对哪部分内容相对比较熟悉，就可以考虑着重先对这部分内容进行撰写，这样可以有效分散重难点，各个击破，有利于本科毕业论文（设计）起草的顺利完成。

（3）注意事项。

一要严格以科学研究的态度对待本科毕业论文（设计）的起草工作。本科毕业论文（设计）不是文学，也不是抒情散文，是学术论文，应严格按照学术研究的规范和思路进行起草。应用型本科毕业论文（设计）的宗旨在于培养学生发现问题、分析问题和解决问题的能力，培养科学研究的基本素养，因此，学生在本科毕业论文（设计）初稿的起草过程中，要遵循严格的学术逻辑和严密的推导过程，做到求真务实，实事求是，尊重客观规律。任何数据和材料的使用，都应该是真实有效的和经过严密的分析和论证的，不能为了论证的需要而主观臆造、变更数据和材料，更不能抄袭、剽窃他人的研究成果。引用前人的研究结论必须注明出处，做到正确规范引用，不能断章取义。

二要做好时间规划，提高行动力。面对篇幅较长、任务较重的本科毕业论文（设计）起草，有的学生拖拖拉拉、难以打起精神集中精力，总感到无从下手，难以立即行动起来。或者前松后紧，用力不均，导致标准和要求难以贯穿始终。因此，针对本科毕业论文（设计）的起草工作，导师应要求学生科学合理地制定时间规划，切实提高行动力，确保本科毕业论文（设计）的起草能够一气呵成。指导学生要善于将将一篇大篇幅的论文进行具体且量化的分解，不仅有利于论文进度的有效实现，更有利于学生自信心理的建立。学生在日积月累中逐渐完成一项大工程，可以培养自我效能感（即高自信心），并逐渐地培养自己独立完成论文的能力。

4. 初稿修订阶段

本科毕业论文（设计）初稿完成之后，提交导师审阅，导师写出评语并提出修改意见，学生需要在导师的指导下进行全面的修改，这个过程大概需要1—2周的时间。由于大部分本科学生对研究工作不很熟悉，初稿的质量可能会比较粗糙，因此，对初稿的修改十分重要。同时，在导师的指导下，学生在对初稿进行修改的过程中，可以逐步熟悉和掌握科学研究的基本方法，培养自身科学研究的基本素养和各种能力，更加端正对待科学研究的态度，养成良好的习惯，提高研究的质量水平。

（1）修改的基本方法

本科毕业论文（设计）的修改需要按照一定的顺序和层次，进一步理顺逻辑关系和全文体例，既要进一步明确论点，也要深化论证过程优化论证方法，既要突出重点，也要兼顾全篇和格式。要达到观点正确、论证有力、资料详实、格式合规、体例统一的本科毕业论文（设计）总体要求和学术研究的基本要求，使论文全篇浑然一体，结构更加优化，呈现出专业基本功扎实、学术研究过程顺畅、分析问题透彻、解决问题有创新的良好格局。针对本科毕业论文（设计）的不同完成情况和不同的学生个体，论文的修改完善有各种不同的方法。

有的学生适用"趁热打铁法"。这种情况适用于本科毕业论文（设计）初稿完成比较顺利、写作过程比较流畅的情况。就是在初稿完成之后，在导师的指导、点拨、启发之下，产生"顿悟"或"灵感"，修改思路和设想立刻呈现出来。在这种情况下，学生个体的思维非常活跃，而且具有一定的持续性、连贯性，具备了良好的写作状态和饱满的写作热情，因此可以及时地查漏补缺，细化与修订本科毕业论文（设计）初稿中存在的问题和不足，可以一气呵成地完成毕业论文（设计）的修改。

有的学生适合"冷静处理法"。这种情况适合于本科毕业论文（设计）初稿不太顺利、写作过程不太流畅的情况，也就是本科毕业论文（设计）的思路还不太成熟，分析问题和解决问题还存在一定问题。在这种情况下，需要有目的地"冷"一段时间，深入思考本科毕业论文（设计）的逻辑结构和框架体系，结合导师提出的修改意见，进行再思考、再设计，反观本科毕业论文（设计）的整体思路和路程过程，在明确修改思路的基础上进行修改。这种修改，也许是将初稿"推倒重来"，也许是对初稿的顺序全面调整，总之是"冷静"之后的"成熟"，是"沉着"之后的"理智"。在这个过程中，学生也许会学到更多的见识，掌握更好的方法，得到更好的提升。

有的学生善用"反复诵读法"。本科毕业论文（设计）初稿的修改是一个反复的过程和对学生毅力的考验，在遵循"论点—论据—论证"论证主线的同时，还需要重点关注全文内容的流畅性和结构布局的整体性，需要反复揣摩和整理。反复诵读不仅有助于语句的通顺，还能慢慢品味文章表达的合理性，因此，做足反复诵读的功夫，往往能够帮助学生及时发现问题和修改完善。有时可以通过诵读产生"联想"效应，帮助"回忆"有关文献中的重要材料和论证方法，以便进一步借鉴和参考，不断使自身的文章逐渐优化。

总之，不管采取什么方法和采取什么措施，本科毕业论文（设计）初稿的修改都要深入、系统、集中，实现在初稿基础上比较大的质量提升，达到送审的基本要求。因此，一方面要集思广益，不仅征求指导教师的意见，还要广泛征求各方意见建议，充分利用身边的人际资源，将论文初稿分享给专家、指导教师、同辈等人际对象，悉心听取他人意见或建议，从不同角度收集有效信息的方法。这不仅有利于我们跳出定势思维，看到一些我们反复检查也觉察不到的错误或问题，而且他人的不同观点和角度促进我们从新的视角进行推敲和研究,创新性更强。另一方面要充分利用现代技术手段辅助功能,善于运用电脑科技完成人工琐碎、耗时的论文检查。微软系统中的 Word 自带强大的文档处理功能,例如,利用其拼写、校对、语法检查功能,通过呈现红、绿等不同颜色的下划线来提示可能存在的不同问题,大大提高了中英文论文编辑的正确性,甚至当发现拼写错误、语法错误时,会自动提供修正建议,提示有替换单词。Word 可以帮助使用者自动编写摘要、形成目录,还有强大的制表功能等,这为论文修改节省了大量的时间。

(2) 修改的主要内容

按照学术研究的总体思路和学术表达的基本方式,对本科毕业论文(设计)初稿的修改,需要重点关注以下几个方面的内容:

论点的创新性。创新是学术研究的"灵魂",一篇好的本科毕业论文(设计),一定是在问题解决方面提出了新思路、新方法、新设想,否则,没有创新,本科毕业论文(设计)也就失去了价值和意义。因此,在对本科毕业论文(设计)初稿进行修改的时候,首先,需要审视的就是是否提出了具有创新性的观点。其次,还需要审查本科毕业论文(设计)中的各个论点的提出和展开是否流畅和环环相扣、且具有说服力,如果存在赘述、论点不突出与论证偏差等情况,就需要彻底修改。要做到本科毕业论文(设计)中的论点得到有效论证,逻辑推导过程自然顺畅,逻辑结构布局前后连贯与呼应。

逻辑的严密性。论证严密是学术研究的基本要求,也是学术论文的基本规范。任何观点的提出都不能"想当然",而是需要经过充分论证的。就本科毕业论文(设计)而言,普遍存在的问题是论证不严谨、逻辑不严密,这就使论文的可信度大大降低,研究的结论值得怀疑。因此,对本科毕业论文(设计)初稿的修改,特别需要关注全文的论证过程和逻辑结构。一方面,要按照"论点—论证—论据"的研究主线进行审查,看每一个问题的论证过程是否遵循了这一主线,是否做到了论证充分有力;另一方面,要从全篇的结构布局上进行审查,系统审查论文的逻辑结构,比如,论文的一级提纲是否有效支撑论文的题目,是否遗漏或出现多余的提纲,二级提纲是否有效支撑一级提纲,是否遗漏或出现多余的提纲,以此类推。又比如,段落之间是否层层递进和前后连贯,顺序安排和层次关系是否合理,以此类推到句与句之间,做到全篇上下一体、协调一致。

资料的翔实性。充实性不仅是指数量上的翔实、丰富,还包括质量上的真实性、可靠性、代表性和深入性。本科毕业论文(设计)中若要使用大量同质性文献资料作为论据,需言简意赅地进行概括总结,避免堆砌。

表达的学术性。本科毕业论文（设计）属于学术研究的范畴，其表达方式应该具有学术性，应避免"口语化"的表达方式，这是很多学生容易犯的错误。同时，应避免方言的使用，减少修饰词与语气词，例如，不使用"啦""哇"等。要检查语句是否通顺，用更加精炼的词句来表达深入的含义。同时，要借助智能手段进行修改，使用"改正""删除""添加""代替""对调""转移"等常用的计算机校对工具。

5. 审核定稿阶段

审核定稿是本科毕业论文（设计）文本的最后阶段，也是审核把关阶段，该阶段大概需要1周的时间。一方面，指导教师要严格审核把关，认真审核本科毕业论文（设计）的整体质量水平，看论文是否达到本科毕业论文（设计）的质量要求和能力要求，并写出详细的审核评语，对学生进行重点指导；另一方面，学生要严格按照学校、学院有关本科毕业论文（设计）的要求，结合指导教师给出的评语和意见建议进行认真的修改完善，从内容到形式，使各方面均达到规范化的要求。最后需要做"重复率"检测，将本科毕业论文（设计）定稿上传教学管理系统进行检测，确保重复率不超过20%。

第四章　应用型本科毕业论文（设计）的育人策略

在本科生培养方案中，本科毕业论文（设计）是其中一个综合性实践教学环节，学生完成本科毕业论文（设计）的过程是对所学专业知识的综合应用，可以实现专业素质的全面提升。这既是人才培养方案中培养学生综合运用专业理论知识与基本技能，增强学生自身实践能力和创新能力非常重要的环节，是对教学目标、教学过程、教学管理和教学效果的全面检验，也是培养学生综合运用所学知识理论和技能，分析解决实际问题的综合性实践教学环节。在充分认识应用型本科毕业论文（设计）的育人功能、育人机制和育人路径的基础上，全面系统把握应用型本科毕业论文（设计）的育人策略显得格外重要。应用型本科毕业论文（设计）的育人策略不仅是实现育人功能的重要保障，也是构建育人机制、畅通育人路径的重要支撑，在应用型本科毕业论文（设计）的育人体系中具有重要地位，发挥关键作用。应用型本科毕业论文（设计）的育人策略主要包括问题指导、学术交流、思想引领三个方面。

第一节　问题指导

对大部分学生而言，本科毕业论文（设计）是开创性的工作，是第一次面对的工作，因此，难免会遇到各种问题。问题指导是本科毕业论文（设计）指导教师针对学生在完成本科毕业论文（设计）过程中出现的实际问题进行的跟踪式、全方位解答，以便学生能够顺利完成本科毕业论文（设计），同时，通过问题指导，实现本科毕业论文（设计）育人功能。就应用型本毕业论文（设计）而言，问题指导需要重点关注对专业问题、学术问题、应用问题的指导。在本科毕业论文（设计）的问题指导中，需要指导学生学会辩证地、唯物地、历史地看待问题。我们只有通过辩证唯物主义和历史唯物主义，才能指导学生在探究事物本身运动、变化和发展的规律，在指导学生透过现象看本质的过程中，同时看到事物的矛盾性，一分为二地看待事物，在对立与统一中把握本科毕业论文（设计）的问题域。课程思政并不回避现实问题，而是需要在"问题"情境中加深学生对于思政教育的体认。

一、专业问题

专业知识、理论、技能是学生完成本科毕业论文（设计）的基本前提，专业问题是学生在完成本科毕业论文（设计）过程中遇到的基本问题。学生完成应用型本科毕业论文（设计），需要全面系统梳理专业基础，提高专业水平，要善于将专业知识转化为解决实际问题的能力，需要对专业问题进行"知识考古"式的学术史梳理和跨学科的交叉融合，最终通过不断完善自身的知识结构，实现自身的不断成长。

专业思政是新时代高校思政教育的主要支撑。"专业思政的内涵是以专业为载体，发掘专业特点和优势，通过专业核心价值体系引领，贯通教育教学全过程、全要素的融合性设计，实现专业教育与思想政治教育和谐统一发展，形成特色鲜明的专业人才培养模式。"[1] 本科毕业论文（设计）是高校专业特色培养的重要环节，是与思想政治教育统一的重要环节。指导教师引导学生在本科毕业论文（设计）的过程中思考专业的知识如何应用于国家、民族、社会的发展与建设。

（一）梳理专业体系，提升专业水平

论文一般是指专门讨论或研究某个问题的文章，本质上接近议论文。而本科毕业论文（设计）则是在一般论文的基础上突出要求了研究的专业性、规范性和考核性等。"学位论文，是高校本科生、硕士研究生（简称硕士生）和博士研究生（简称博士生）以及研究机构的硕士研究生和博士研究生为申请相应学位而提交的书面形式的研究成果。我国目前实行三级学位制度，从低向高依次是学士学位、硕士学位和博士学位。"[2] 根据《中华人民共和国学位条例暂行实施办法》第三条，本科毕业论文（设计）是授予本科生学士学位的必要条件之一。所以，出于"申请专业学位"这一基本目的，本科毕业论文（设计）

---

[1] 王伟宾、闫岩：《课程思政、专业思政与学科思政的基本关系及融合建设路径研究》，《黑龙江教育（理论与实践）》2022年第2期。
[2] 曹天生等：《本科生学士学位论文写作概论》，安徽人民出版社，2008，第3页。

最基本的要求就是需要符合相应专业学位的人才培养要求。所以，本科生的毕业论文（设计）作为学位论文，首先就需要满足专业的基本要求。同时，不同的毕业论文（设计）对应了不同的专业以及不同的学习阶段，也就有了不同层次和专业的要求，层次越高，毕业论文（设计）的创新性越强。

毕业论文（设计）与一般论文不同，它不仅是研究成果的呈现，还需要对写作过程本身进行考核，对于论文的字数、格式、引文数量等都有具体的规范性要求。在本科阶段，由于更重视培养学生的论文写作中信息收集和把握研究对象基本事实等方面的基础性素养，对于过程的考核往往高于对于最终呈现成果的要求，对于知识的熟练度的要求往往高于对于知识的创新性的要求。

本科毕业论文（设计）本身带有综合考核的性质，需要对学生的专业水平、知识能力、逻辑分析能力、口头阐释能力等进行考核。一方面，本科毕业论文（设计）需要达到本专业学士学位的基本要求，另一方面，学生在完成本科毕业论文（设计）的过程中"成长"的程度也是考核的重要标准。

虽然本科学生的论文水平并不统一，但是大部分在修改后仍能及格，这主要就是由于本科毕业论文（设计）写作过程的考核。从这个角度出发，指导教师在指导本科毕业论文（设计）时，就需要特别的专业指导策略：一方面，不能要求所有的学生都要达到相同的专业水平；另一方面，又需要因材施教，让每一个学生都能通过本科毕业论文（设计）在专业上有所提升和进步。由于本科毕业论文（设计）侧重对于四年专业知识的总结和应用，指导教师在指导专业问题时就需要围绕着专业人才培养方案以及学生学习过的专业课程、专业技能等方面加以引导，可以适当推荐一些课程之外的专业知识作为补充，但不能完全指导学生在自己的专业课程、专业技能学习之外去重新学习全部的"专业"知识。

（二）对接生产实践，强化应用能力

对于应用型本科毕业论文（设计）而言，一方面是学生本科毕业论文（设计）完成过程中强调对于所学专业知识和专业技能的应用，不能完全脱离学科本身的专业背景。另一方面则是强调本科毕业论文（设计）的研究方向要联系实际生活与具体生产，不能脱离实际生活和具体生产中的现实问题，要有理论，更要有实践。所以，应用型本科毕业论文（设计）在学术研究基本规范的考核之外，还需要对学生写作过程中和最终成果呈现上的"实践"或"应用"程度，学术研究过程中的研究方法学习，以及学生的实践能力、动手能力等进行引导与评判。需要考虑到学生对于应用知识与技能的努力，即使其最终论证或实验结果并不完美或者成功，但要对其所做的认真的田野调查、长时间的实验、认真的文献梳理等实践过程加以肯定。尤其应用型本科人才培养往往具有鲜明的职业导向性和专业对口性，所以这就要求学生在本科毕业论文（设计）环节体现出达到对应岗位的专业素养，需要在本科毕业论文（设计）环节训练和提高学生相应专业技能的熟练程度和技能水平。

同时，"学位论文写作的过程是一个系统解决某一专业问题的过程。"[①] 应用型本科毕业论文（设计）还需要在系统性上体现应用型的特点。这主要体现在两方面：一方面，是对于研究对象的全面认识，对于已有研究成果的全面了解；另一方面，是学生完成本科毕业论文（设计）需要做到"自圆其说"，需要对实际生活和具体生产中的专业问题有一个能够形成逻辑闭环的认知，避免出现片面、极端以及只提出问题而不解决问题的情况。所以，指导教师指导学生完成毕业论文（设计）时，首先要求学生对自己的研究对象进行全方位的"透视"，包括对于已有成果的"检阅"，其次需要要求学生学会用自己所学的专业知识去表述和阐释自己发现的学术问题。

"本科生毕业设计（论文）的最终目的是让学生在科学研究的某一方面得到系统的全方位训练，为今后从事研究、开发和技术改造等方面工作奠定基础。"[②] 由于应用型本科毕业论文（设计）是基于实际生活和具体生产等经济社会中的现实问题来进行设问和阐释的，在专业设置和人才培养方面均有鲜明的应用导向和职业"对口"的倾向性等特性，在选定研究对象之后，应用型本科毕业论文（设计）往往具有"半命题式作文"的性质，即要求用特定的专业知识与技能解决特定的专业问题，而非完全由学生发散式联想问题及解决方案。应用型本科毕业论文（设计）更强调对于学生的实操能力、动手能力的训练，在规定流程下对于已知和专业技能的掌握，更侧重考查学生技能水平的熟练度、实践的效率、最终作品的完成度等。

指导教师指导"对口"的本科毕业论文（设计）时，不能让学生只在校园内闭门造车，只通过"文献"而不通过"实践"来形成结论，应该鼓励甚至直接要求学生到企事业单位中去，或者去实地考察，亲自采访当事人等，总之，要指导在真实的职业体验中发现问题、认识问题和解决问题，要指导学生通过

---

① 王育杰：《最新党政公文写作方法与规范》，北京：中国广播电视出版社，2013，第254页。
② 王琪、武寿春：《应用型本科院校毕业设计（论文）质量监控的探索》，《江苏高教》2009年第6期。

实践来认识书本知识,再从书本知识回到实践。总之,要让学生了解社会的实际需求。

(三)纵向横向拓展,拓宽学科视野

应用型人才培养鼓励学生从实际研究对象与具体问题出发,进行跨学科的探究,需要鼓励学生在新的时代语境中发现问题并解决问题,需要学生具备"跨学科视野"。指导教师在指导学生完成本科毕业论文(设计)的过程中,不仅要引导学生从专业角度打牢扎实的文献功底,还要引导学生从跨学科视角进行更综合的思考。本科毕业论文(设计)需要兼顾规范性、专业性和一定的跨学科自由度。

要在本科毕业论文(设计)环节在保证专业性的前提下强化学生的个性以及完成论文的弹性,相对弱化刚性与共性,让学生更多地自主设计、自主选择、自主构建个人学术经历,需要进行平衡。

教师在专业问题上坚持"中心必须明确、边缘可以模糊"原则。学生在完成本科毕业论文(设计)的过程中,要求必须明确研究对象,且本科毕业论文(设计)的中心必须是本学科、本专业,而在具体论述以及最终作品(设计)的呈现上,允许其适当模糊"学科边界"。例如汉语言文学专业的本科毕业论文(设计),选题就可以从文学的边界扩展到文化传播,甚至是文物保护、历史书写等题材,然而文学的中心必然是研究"语言文本",或者具体的作家、作品、文学思潮、文学现象等。

(四)展望专业前景,培养"成长型"人才

"应用型高级专门人才是指具有大学教育背景能够从事某一个领域实证科学研究和研发或动手能力的高级专门人才。"[1] 从应用型高级专门人才的培养规律来看,包含了"准备阶段(高等教育阶段)""适应阶段(磨炼期)""成长阶段(发展期)""成才阶段(事业辉煌期)"四个阶段。[2] 德国在工业制造和应用型人才培养方面具有一定的代表性。德国的应用型教育以培养大中小型企业中的技术骨干为目标,是"为职业实践而进行的科学教育",[3] 其教育中以实训课程为主、理论课程为辅。这种课程设置与国内侧重理论教育的分科专业

---

[1] 孙嫄:《应用型高级专门人才成长规律研究》,西安工业大学,2011,第6页。
[2] 同上,第17—20页。
[3] 同上,第8页。

训练有所不同。我国应用型本科人才培养要根据我国的实际国情以及地方经济社会发展的具体需要，从学生的成长、成才以及现实发展阶段的需要等多重维度加以综合考量。本科毕业论文（设计）作为应用型人才培养普通高等教育的最后一个环节，需要从人才成长的角度为学生的成长做足准备。所以，应用型本科毕业论文（设计）不仅是一种学业的总结，还需要激发出学生持续开展实践探究的能力。这就需要对学生的思想观念、道德品质、合作精神、科学知识、人文知识、专业知识、专业技能等进行综合性的指导开发，让"应用型人才具备良好的体魄、健康的心理"[①]，不能简单地把应用理解为人的机器化、工具化。

本科毕业论文（设计）不仅体现学生对于专业知识和技能的应用，也体现了专业精神、学科精神对于学生的综合塑造。通过本科毕业论文（设计），充分挖掘学生自主探究和解决具体专业问题的能力具有深度探究专业知识与技能的可能，让其以及持续实践的"后劲"。

二、学术问题

学生在完成本科毕业论文（设计）过程中往往面临较多的学术困惑。如果对这些学术困惑不及时进行跟踪指导，学生往往会感到本科毕业论文（设计）"做不下去"，或者产生方向性偏差，导致本科毕业论文（设计）陷入困顿。本科毕业论文（设计）的学术指导应围绕学术思维的建立、学术逻辑的遵循、学术规范的遵守而展开，最终目标是培养学术创新型专门人才。尤其是学术规范的教育，天然具有思政属性。学术无国界，但是科学家有国籍。培养学生正确的学术认知是让学生接受思政教育必不可少的环节。

（一）建立学术思维，确立研究主线

本科毕业论文（设计）本质上属于学术论文，而学术论文的本质，是学术研究。"学术研究，本质上是一个提问的过程。"[②] 如何引导和启发学生提问，或者说，如何培养学生在学术研究中的"问题意识"，是指导学生开展学术研究的关键。

首先，思考学术问题不能漫无边际，需要立足"已知"去探索"未知"。

---

① 周秋生、马俊海：《构建工程型实践教学体系培养应用型高级专门人才》，《测绘工程》，2008年第2期。

② 葛剑雄：《通识写作》，上海人民出版社，2019年，第121页。

指导教师需要了解学生的阅读经历与学习经验，即整体的知识储备、认知框架等基本情况。在与学生的具体交流中找到学生真正感兴趣且能对之进行探究的对象。一方面，这需要指导教师关注学生对于什么研究对象"有想法"，另一方面，需要指导教师辅助学生对研究对象的研究现状、创新点、研究材料数量等进行初步探索，检验一下这种"想法"深入的可能性与余地有多大。在这个过程中，指导教师主要是启发学生自述，通过学生的自述了解学生的基本情况，也让学生在组织自述的过程中对自我进行更加清晰的认知，对自己的"兴趣"点进行更加具体而精确的定位。

其次，指导教师需要鼓励学生多渠道、多角度收集同一研究对象的相关资料。不仅仅是学术论文、专著、报告，视频、新闻、微博、微信、网页等都可以是参考资料。资料的收集关键在于全，过早地滤掉一些资料，会影响学生对于问题的整体认识与判断。这些资料至少包括两个方面，一则是收集、整理和研究问题本身的资料，二是把握针对该问题已有研究成果的资料。这有助于从更全面的角度认清"问题"的整体与局部，也有利于学生把握自己的写作方向和创新点，从而方便后续毕业论文工作的开展。

最后，指导教师需要引导学生解决"问题"。如果说前面两个步骤都是引导学生"破题"，那么解决问题则是需要引导学生"立意"。

要引导学生在本科毕业论文（设计）中"立意"，首先就需要激发学生的批判性思维，一方面是启发学生谈论自己对于特定问题的看法与意见，另一方面，启发学生的辩证思维，以更全面地看待问题，避免把问题单一化或者极端化。"一般来说，辩证思维活动包括三个方面：一是辩证的'环节辨识活动'，即把客观的具体的事物和主观的表象升华为抽象的概念，是从具体到抽象的认识过程；二是'依序构合活动'，即对于部分与部分的组织过程；三是'总体整合活动'，即对于部分与整体或者把部分整合为整体的过程。"[①] 一方面指导教师需要引导学生透过现象看本质，让学生发现研究对象可能存在的问题并思考解决问题的途径。另一方面，我们要引导学生从正反两方面以及更加多元和全面的角度看待研究对象及其关注的学术问题。在这种具有"本体论"特征的探寻过程中，学生会逐渐获得其本科毕业论文（设计）"立意"的点与面。

（二）遵循学术逻辑，突出应用研究

正确地使用学术语言，需要学生具备一定的学术语言能力，学术语言并不

---

① 郭元祥：《教育逻辑学》，人民教育出版社，2019，第 173 页。

是高等教育阶段才进入学生的学习内容的。"学术语言能力（academic literacy）——一种从小学、初中、高中英语、数学、社会科学与历史课上习得的能力"，具体而言，"通过关注、聚焦、搜寻、思考、质疑、判断、调整与拒绝的过程，人们不仅学会如何接受知识，而且学会如何拥有知识。人们能够阐释意义，而且如果深入探索、巧妙建立各种信息关联，就能创造知识。"[1]在本科毕业论文（设计）中，阐释学术问题离不开正确使用学术语言，包含以下几个方面：

其一，对于专业领域内学术概念、范畴、固定用语和用法、专业术语等的使用。现代科学知识强调"经验理性"，即知识是可以被反复验证的"经验"。这种可以检验的知识的科学性决定了在现代学科中，无论是自然科学还是社会科学，都需要通过相对固定的表达来形成可以讨论的问题域。这些固定表达往往有特定的知识背景和话题，在本科毕业论文（设计）的写作中，指导教师需要引导学生正确使用适合自身论文主题的学术语言，正确使用合适的概念、范畴、表达等。因为在本科毕业论文（设计）的论证中，重要的概念如果不进行逻辑解说与限定，就很容易产生逻辑错误。甚至可以说，本科毕业论文（设计）中对于所用概念的精确审定和必要的阐释是论证逻辑最根本的一环。一篇完整的本科毕业论文（设计），"是若干知识环节有机联系的论证系统，每个知识环节又有若干知识点，每个知识点都需要使用若干精确的概念，容不得忽略和含混"[2]。

其二，正确引用学术经典。正确使用学术语言在本科毕业论文（设计）中的一个重要方面便是正确的文献引用。由于本科毕业论文（设计）具有一定的参考文献数量和质量的要求，如果该引的文献不引，属于科研态度不端正；引用了文献，但不规范属于学术水平不足；文献的过多或过少，可能带来读者对于文章研究水平、选题必要性不足的质疑，也可能带来"述多论少"的困局；文献过于陈旧，可能让人质疑选题重要性；文献过于新颖，可能让人质疑研究缺乏深度……本科毕业论文（设计）的文献引用需要遵循"质""量"兼备，以合适为主的原则。一方面，指导教师需要帮助学生分析其引用文献的必要性，以及是否有更合适的引用。另一方面，指导教师对于学生参考文献的重要程度、引文时间和年代的分布与顺序、中外参考文献的比例等都需要有一定的指导，要帮助学生进行取舍，让其学会判断和分析文献。

---

[1] 朱迪思·朗格：《想象知识：在各学科内培养语言能力》，上海教育出版社，2015，第4页。
[2] 高小和：《学术论文写作（第2版）》，南京大学出版社，2010，第155页。

其三，引导学生在论文中正确地使用自我个性语言。随着互联网时代的深入发展，年轻的学生们在本科毕业论文（设计）中关注的对象越来越新颖和特殊。这意味着，学生在研究特定对象的过程中，并不一段都能从历史文献中找到大量的有力支撑，或者学生的关注角度的创新本身也要求学生进行"学术语言"上的发明。学生使用个性化的学术语言在本科毕业论文（设计）中是一个越来越普遍的现象。如何确保学生对于学术问题的概括做到准确、精炼、深入，其实是指导教师在本科毕业论文（设计）环节需要重视的问题。指导教师需要在确保学生能够顺畅且有逻辑的自我表达的前提下，鼓励学生进行深度总结、概括和提炼，从而加深论文对于学术问题的讨论力度，让学生在概括练习中提升理论水平。同时，这种个性"学术语言"的使用可以让学生保持更加开放的学术态度和更加活跃的学术思维，是学生在本科毕业论文（设计）中重要的"学术获得感"的来源。

（三）遵守学术规范，践行学术道德

对于应用型本科毕业论文（设计）而言，它并不强调学生一定要去研究或创造一个新的课题，而是更加侧重学生的学术训练、技能训练，即更加看重学生能否应用自己四年的专业基础知识去完成一个事项。所以，在这个既定的训练中，学术规范非常重要，其中最基本的要求就是对于本科毕业论文（设计）格式的重视。

本科毕业论文（设计）与一般学术论文的不同在于其特殊且严格的学术规范。直接相关的标准是我国在 1987 年就颁布的国家标准 GB7713—87《科学技术报告、学位论文和学术论文的编写格式》。与本科毕业论文（设计）相关的标准与规范有 5 种（见表 4—1）。

表 4—1 论文编写有关标准格式一览[①]

标准（规范）名称及编号	发布日期	发布（批准）部门	起草单位	起草人	适用范围
文摘编写规则 GB/T 6447—86	1986 年 6 月 14 日	国家标准局	全国文献工作标准化技术委员会第六分委员会	王熹、傅兰生	编写作者文摘与文摘员文摘

---

① 任唤麟、张辉：《毕业论文格式规范解读及相关问题探讨》，《中国电力教育》2012 年第 11 期。

续表

标准（规范）名称及编号	发布日期	发布（批准）部门	起草单位	起草人	适用范围
科学技术报告、学位论文和学术论文的编写格式 GB/T7713—87	1987年5月5日		全国文献工作标准化技术委员会第七分委员会	谭丙煜	论文的编写格式
文后参考文献著录规则 GB/T 7714—2005	2005年3月23日	国家质检总局	北京大学信息管理系、中国科学院文献情报中心	段明莲、纪昭民等	著者和编辑著录的文后参考文献
文献主题标引规则 GB/T 3860—2009	2009年9月30日		华东理工大学科技信息研究所、国家图书馆	陈树年、汪东波	文献检索主题标引
中国学术期刊（光盘版）检索与评价数据规范 CAJ-CD B/T 1—2006	2006年6月1日	中国学术期刊（光盘版）编辑委员会	中国学术期刊（光盘版）编辑委员会规范工作组	万锦、朱诚等	期刊数字化处理，也供其他文献及文献检索与评价系统参考

对比其他学术问题，格式问题是本科生完成本科毕业论文（设计）必须面临的最基本的问题。指导教师在指导学生完成本科毕业论文（设计）的过程中，必须指导学生严格按照学术规范进行表达，并严格检查学生的格式问题，避免低级的学术失范问题。

在本科毕业论文（设计）中，验证自己的学术观点对于本科生而言是最容易被忽视的问题。必要的学术检验首先是要核查本科毕业论文（设计）中的学术语言的使用。一些特定的专业术语往往在论文中非常突出。验证本科毕业论文（设计）中的学术语言包括内容和形式两大方面，包括避免"口语化""拼贴化""述多论少"或者表述上概念过大或过小、总结上以偏概全、结构上文题不符，以及观点上的极端化等诸多问题。

要避免这些问题，一方面需要学生多阅读本学科专业的高水平论文，另一方面则是需要学生学会"模仿"。学生在本科毕业论文（设计）环节会有一定难度，所以必要的仿写训练在本科毕业论文（设计）环节必不可少。指导教师需要引导学生甄别文献并对相关主题论文进行讲解，选择相关研究的优秀学术成果与学生一起分析其好在哪里，不足在哪里，便于学生感悟其中的学术表达、作者的学术风格等。教师在指导本科毕业论文（设计）的过程中，可以以小组的形式让同学们互相讨论彼此论文的优点与不足，并集中讨论，集中发言，教师适时引导和点评，这可以让学生之间相互学习，提高效率。

除此之外，本科毕业论文（设计）的重复率检测也是必要的学术检验。重复率检测不仅是保障本科毕业论文（设计）原创性的重要手段，也是检验本科毕业论文（设计）学术不端的主要工具。值得注意的是，"论文重复率检测机制本质上是为了督促学生自己动手写论文，不要抄袭，鼓励学生自我思考、自我创新，写出高质量论文。但是，从学生应对论文检测机制的态度可以看出，目前的论文检测机制并不能从实质上提高论文质量，不能达到鼓励学生创新、创作、独立思考的目的。提高论文质量，单靠检测机制作用有限，不可对其过分依赖。"[1] 本科毕业论文（设计）的重复率检测是必要的，但是如何发挥其积极的作用关键还在于教师对于学生的引导，本科毕业论文（设计）作为一种学术成果，可以检验学生本科期间专业学习成效，但依然只是高等教育的一个环节。教育才是目的，学生的成长与发展才是根本。

（四）坚持守正创新，培养"创新型"人才

在本科毕业论文（设计）中，教师如何因材施教并引导学生扬长避短，培养他们严谨求真的学术品格，灵活思辨的学术思维，追求学术精神，都需要指导教师言传身教。指导教师在指导本科毕业论文（设计）的过程中，应该更加侧重思考如何让学生发挥出自己的主观能动性以及如何调动其学生的积极态度等方面。有研究证明了本科毕业论文（设计）中学生"自觉"的重要性，"基于659名大学生的调查数据，以本科毕业论文写作过程为例，运用结构方程模型从学生对本科毕业论文的重视程度、学生科研基础、教师态度和指导能力等方面考察了大学生学术获得感的生成机制与提升路径"，该研究得出结论，"学生重视程度"和"学生科研基础"是影响学生学术获得感的最大因素，教师指导态度和能力起到的是间接影响作用。[2] 该结论反映了在本科教育中，要增强学生的学术获得感是一个需要培养学生对于学术的认识以及积累知识的漫长过程。

三、应用问题

"应用"是应用型人才培养的目标导向和价值追求，应用型本科毕业论文（设计）应以"应用"为指归，培养学生专业应用能力和解决实际问题的能力，

---

[1] 孔翠英：《查重率、指导教师与本科毕业论文质量——兼论学年论文的重要性》，《高等财经教育研究》，2019年第2期。

[2] 周君佐、咸春龙、李镓：《大学生学术获得感的生成机制与提升路径——基于本科毕业论文写作过程的考察》，《创新与创业教育》2021年第5期。

使学生能够将四年所学的专业知识转化为应用能力。在应用型本科毕业论文（设计）的实施过程中，"应用问题"存在的具体表现是：学生往往不能够建立专业知识与实践问题的有效对接，导致研究的问题与实践脱节；不能聚焦实践中的关键问题进行知识的合理"迁移"，由此进一步导致无法针对实践特点与规律构建完善的应用体系。因此，对"应用问题"的指导，应坚持求真务实的研究风气，以培养"务实型"的专门人才为导向。

（一）对接社会需求，定位研究问题

在本科毕业论文（设计）中，指导老师需要指导的不仅是最终本科毕业论文（设计）的呈现，还包括开题报告、中期检查表、答辩 PPT 等。本科毕业论文（设计）作为学位论文，有规范的操作流程和相对固定的评判标准，本身就是一种"学术应用文"。本科毕业论文（设计）的应用性体现在其目的性上，包括"提高科学研究的学术水平，推进学科发展"，"推广科研成果，解决现实问题"，"表明科研人员的学术水平，作为授予学位、考核业绩的凭证"等。[1]

本科毕业论文（设计）说明书通常要求学生通过实地调查研究去解决实际工程中的技术问题，它不仅是对于实际工作的模拟和演习，也是学生锻炼自身表达能力、逻辑思维能力、动手操作能力，提升学术水平，为今后从事具体工作奠定基础的重要环节。

在本科毕业论文（设计）中，正确绘制图纸，使用图表、表格、插图来辅助表达以及对必要的内容进行注释和说明等，都是必要的学术应用。图表对于本科毕业论文（设计）的作用不可忽视，无论是实物图、技术路线图，还是统计表等，图表以清晰、简洁、生动还能节省版面的特点被广泛应用。本科毕业论文（设计）中图表的使用具有较为严格的规范性，需要慎用，避免因使用不当削弱论文的论述效果。例如，一些实际调研和问卷，如果使用不当，可能导致调研结果和论文论述的割裂，甚至自相矛盾。

（二）围绕关键问题，巧用知识迁移

本科毕业论文（设计）作为本科生接受高等教育的最后一个学习环节，既是学习也是总结，要学以致用，用以促学。学生对于所学专业知识的应用，可以是对于特定问题的回答，可以是对于完成特定任务的操作活动，也可以是提出新的问题等多种形式。换言之，本科毕业论文（设计）离不开知识的应用。

---

[1] 李凯源、魏启德：《应用文写作》，中国商业出版社，2000，第 254 页。

心理学家认为，知识的应用就是知识的迁移，在教学过程中应尽早地帮助学生把具体的知识上升到一般的原理，然后通过迁移去理解各种现象，解决各种问题[①]。学生平时通过课程学习的知识就像是珍珠，而本科毕业论文（设计）的完成过程就是需要通过规范的学术写作将这些珍珠串成项链的过程。本科毕业论文（设计）对于知识的应用需要追求一加一大于二的知识应用效果，指导教师要引导学生把自己多门专业课的知识综合起来应用。

然而，无论在心理学中知识的应用与知识的迁移是不是同一内涵，二者在本科毕业论文（设计）中更多体现的是关联。知识迁移理论强调的是一种学习对于另一种学习的影响。对于需要写作学位论文的本科大学生而言，其在大学期间的学习无疑将影响其"本科毕业论文（设计）"这一课程的学习，但是无论学生平时的学习是否深入，具体到本科毕业论文（设计）中，学生依然会面临大量的新的知识需要学习，例如，学生对教科书的学习需要与课外阅读学习结合起来，指导教师在指导学生本科毕业论文（设计）的过程中需要引导学生通过原有知识促进新知识的学习，做好"正迁移"，巩固已有的知识，拓展新的知识。同时，避免和化解原有的知识阻碍新知识的"负迁移"。

（三）针对实践环节，构建应用体系

本科应用型人才具有特殊性，主要是和理论型人才相对应，突出实践能力和综合素质，对接社会急需。[②] 就其本科毕业论文（设计）而言，既要体现应用型人才的特性，也需要注意应用型本科毕业论文（设计）与理论型本科毕业论文（设计）的区别，要突出应用的实践性以及知识的综合应用，选题方向、研究结论都要直面"社会急需"。

提升本科生对接"社会急需"，需要加强本科生"直接经验"的获取。在本科毕业论文（设计）中，指导教师应该鼓励学生通过自己的实践去获取直接经验，"过去，由于强调学习的间接性而忽视实践教学的观念误区恐怕正在于此。于是，就有了满堂灌、读死书、死读书，只能应试，不会应用。事实上，人不能自发或天生地产生知识，也不能消极地接收外界注入的知识。若无任何直接经验，学生既无学习的兴趣和动力，也不可能理解和掌握间接经验，更谈不上发明和创新。"[③] 直接经验是应用型本科毕业论文（设计）的关键。学生

[①] 周晓虹等：《大学教育与管理心理学》，南京大学出版社，1997，第115页。

[②] 徐永春、马鹏程：《河北高校应用型人才培养实证研究》，河北科学技术出版社，2015，第12—13页。

[③] 司淑梅：《应用型本科教育实践教学体系研究》，东北师范大学，2006，第5页。

通过自身的实践掌握第一手的资料，形成符合具体实际的知识与判断正是其"应用型"的重要体现。同时，指导教师要避免学生不加实践考察，仅凭二手资料和间接经验就乱下结论以及脱离实际的情况。换言之，应用型本科毕业论文（设计）需要纳入本科生实践教学的体系中，在本科生从校园到职场的转换之间搭建桥梁。

（四）坚持求真务实，培养"务实型"人才

应用型本科毕业论文（设计）是培养学生实践能力和创新能力，全方位考查学生将在校期间掌握的专业知识转化为科研成果的水平，全面提升学生综合能力的过程，在这个过程中，"应用"是导向，也是目标。在完成本科毕业论文（设计）的过程中，学生要求真务实，善于将专业知识转化为发现问题、分析问题和解决问题的实际能力。本科毕业论文（设计）的指导教师应立足应用型人才培养的实际，充分利用本科毕业论文（设计）载体作用，因势利导，以培养"务实型"人才为己任，引领学生在专业知识应用上下足功夫、脚踏实地、长真本领，善于解决实际问题。

在本科毕业论文（设计）选题上，指导教师要层层把关，加强指导，切忌学生好高骛远、不务实际。应用型本科毕业论文（设计）定位在"应用型"，而非"学术型"，这就要求学生紧密结合生产实际的现实需要进行选题，使本科毕业论文（设计）的研究不能偏离"应用"这条主线，研究成果应能够转化为生产技术、管理实务或技术创新，为生产一线实际需要服务，能够带来产业效益。这是"应用型"本科毕业论文（设计）与"学术型"本科毕业论文（设计）的根本区别。在本科毕业论文（设计）的指导过程中，指导教师要加强对学生理论知识"应用"的指导，引领学生理论联系实际，针对选题范围，将专业范围之内的相关理论应用于实践过程，站在专业理论的角度上分析问题，从实践应用的角度上解决问题，拉近理论与实践的距离，实现两者的有机统一。在本科毕业论文（设计）的整个完成过程中要始终聚焦问题的解决，综合评价本科毕业论文（设计）究竟解决了生产实践中哪一方面的实际问题，究竟为生产实践带来了什么样的生产效益，研究成果的实用价值究竟体现在哪些地方，具有怎么样的"应用"价值。在对本科毕业论文（设计）的管理、评价以及答辩等各个环节上，层层把关，有针对性地进行引导，始终围绕培养"务实型"人才为目标任务，切忌"假大空"和不务实际的设想和做法，对偏离人才培养目标的现象及时进行矫正，对学生给予有针对性的、跟踪式指导，确保本科毕业论文（设计）正确的育人方向。

第二节 学术交流

学术研究离不开必要的学术交流。对于应用型本科毕业论文（设计）而言，学术交流显得尤为重要，除了需要一般意义上的学术交流以外，还需要应用问题上的学术交流。应用型本科毕业论文（设计）的学术交流主要包括学术前沿方面的交流、学术动态方面的交流和学术创新方面的交流。

一、学术前沿

学术前沿是指对有关问题研究的最前沿的代表性成果，往往以"权威人物"和"权威观点"为体现。紧跟学术前沿，才能不断使自己"站在巨人的肩膀上"，不断将学术研究推进一步，才能充分体现学术研究的价值，避免低水平重复。在应用型本科毕业论文（设计）中，无论从国家层面、学校层面，还是从教师层面、学生层面来看，紧跟学术前沿都具有重要的意义。同时，以师生合作的形式探究学术前沿能够让学生获得更多的成就感。指导教师需要引导学生正确看待"学术热点"，不能为了蹭热点而研究热点。

（一）紧跟学术前沿的重要性

学术研究日新月异，紧跟学术前沿有利于各学科的专业教育。本科毕业论文（设计）虽然总体要求低于研究生的学位论文。但是，这并不意味着本科毕业论文（设计）就不需要了解学术前沿，相反，以学术前沿指导本科毕业论文（设计）具有积极的正面意义。

其一，从宏观的国家层面而言，学术前沿体现了一个国家的科研实力。以学术前沿指导本科毕业论文（设计）具有增强国家科研实力的意义。应用型本科人才从学校毕业后就会投入工作生产，他们在大学阶段了解学术前沿，能够更好地提高生产力，从而推动国家经济社会的发展。

其二，从高等院校自身的学术传统与办学特色的角度看，学术前沿体现高等院校的科研实力与专业特色。不同本科院校本科毕业论文（设计）的选题往往具有其院校的"学术传承"和"地方特色"。指导教师帮助本科生了解学术前沿，能够帮助他们更好地服务地方。

其三，从指导教师的角度出发，科研作为高校教师工作的重要内容，本身就需要教师去紧跟学术前沿，用学术前沿指导本科毕业论文（设计），不仅可以让学生得到更加专业的指导，也提高了教师指导本科毕业论文（设计）的效率和效果。

其四，从本科毕业生的角度而言，他们即将离开学校步入社会和工作岗位，以学术前沿指导他们的本科毕业论文（设计）能够让其更好更快地融入社会和工作岗位，在职业生涯发展中具有更多探索前沿问题的可能性。同时，学生在跟随指导教师了解学术前沿的过程中，能够形成对于学术界的整体"观感"，有助于学生长远的学术成长。

（二）师生合作探究学术前沿

本科生不能脱离其学习阶段的特征而去追求学术的前沿性。因而，本科毕业论文（设计）对接学术前沿的路径需要符合本科教育的规律和特点。

从学校的角度看，在制度层面，高校教育应该将传授前沿的知识以及技术作为一项基本要求，让本科生在接受专业教育与训练的过程中就能接触和了解学术前沿。高校需要在评价制度和机制中对于能体现学术前沿的教育予以重视。在硬件层面，学校需要为师生提供学术前沿的硬件条件，以保障学校的各类学术资源能提供紧跟学术前沿的学术服务。在软件层面，学校还需要为师生提供紧跟学术前沿的讲座以及培训等。

就本科毕业论文（设计）而言，对接学术前沿，关键在于教师。因为"'学术前沿'是指在学术研究领域中具有前瞻性、先导性和探索性的研究内容，其研究方法和成果将成为该领域未来开展学术研究的基础，其研究内容将对该领域学术研究方向产生重大影响。由于处于学术前沿的研究未必是当前的研究热点，因此，跟踪学术前沿有一定的难度。"[①] 而且，学术前沿并不是一个明确的固定的范畴，而是动态发展的。本科生很难追踪学术前沿，他们需要依靠指导教师来了解学术前沿，包括学科的学术前沿、研究领域的学术前沿、研究问题的学术前沿三个主要方面。指导教师对于学生具体选题学术前沿的指导需要与学生合作探究，以帮助学生逐渐具备了解学术前沿的能力。

首先，指导教师可与学生一起利用各种学术数据库与检索系统、图书馆系统去掌握学术信息。学术研究不同于文学创作，不能将生活中的见闻与感受等感性材料通过想象和虚构等手段直接用于科学研究，学术论文研究的材料需要具有客观真实性和丰富性。利用数据库和检索系统或者图书馆等查询资料是每一项科学研究都必须做的，因为了解具体项目的国内外研究历史、现状，才能

[①] 胡英奎等：《科技期刊编辑跟踪学术前沿的途径》，《编辑学报》2010年第4期。

明确已有研究的研究程度、研究方法和研究成果，从而取长补短，在了解学术前沿的基础上最终确定自己的研究基点。在很大程度上，查询资料以及收集文献的过程就是了解学术前沿的过程，这个过程不仅在整个本科毕业论文（设计）写作占一半以上的时间，甚至也决定了最终成果的质量。所以，指导教师指导学生充分进行文献和研究材料的收集与整理，既要有广度也要有深度，还要真实可靠，当材料足够多甚至出现相互矛盾的现象时，指导教师还需要指导和帮助学生对材料进行比较与筛选。可见，通过文献检索是了解学术前沿必不可少的，也是整个本科毕业论文（设计）的指导中关键环节。当学生在指导教师的指导下了解了具体的文献检索方法后，学生便基本可以独立开始探究了。

其次，指导教师需要指导学生关注本学科主要学者的学术研究动态。在一定时期内，一个学科前沿知识的生产会相对固定地集中于该学科的主要学者。所以，如果说关注经典作家的经典作品是了解专业知识的必修课，那么了解经典作家的最新作品则是了解学术前沿的必修课。系统了解相关前沿学者的著述也会让学生对整个学科的发展有更加直观的认识。

再次，关注国家、省市和相关领域的实时政策。把学术研究和国家、省市以及相关领域的实时政策有机结合起来是把握学术前沿的又一关键。国家政策具有很强的学术导向性，往往一个新的政策就会成为新的学术热点话题。所以关注国家、省市和相关领域的实时政策才能全面了解学术热点。同时，国家、省市和相关领域的实时政策还体现在国家、省市和相关领域的政府部门以及主要组织机构、学会等的科研项目立项、学术研讨会等方面。通过收集和了解相关高层次、高水平项目和高水平学术会议的具体情况，分析其选题与立意，能够帮助指导教师和学生快速了解学术热点。

最后，指导教师需要指导学生积极参与各类讲座以及学术研讨活动。每一个学科或者具体的研究领域，每一年都会有大量的前沿学术讲座以及研讨活动等，在互联网时代，线上讲座、会议等大大降低了学术交流的门槛与成本，指导教师应该指导学生积极参与其中。对于本科生而言，对于学术前沿直观的感受会很重要，参会不仅是了解学术前沿的需要，也是学生直接接触和直接把握学术动态的需要。

（三）正确看待"学术热点"

根据中国知网的数据，学术月刊以及一些大学学报从 2004 年开始，每年都会评选出年度中国十大学术热点。这种学术热点既是对学术前沿的回顾和总结，也是引领未来学术发展的风向标。对于学术研究而言，在个人兴趣之外，学术研究更多地需要与时代和经济社会的现实相联系，服务于社会、国家与历史。从这个角度而言，关注热点、跟踪热点必须把握学术前沿。

真正的学术研究是持久战，需要正确看待学术热点，尤其是有时效性的学术热点。在互联网时代，一些新潮、时尚的研究对象往往昙花一现，学生在写作本科毕业论文（设计）时为追求热点，只图一时，不谋长远。这就导致学生对于选题缺乏持续考察与整体判断，认识的深度也会受影响。指导教师在指导学生做本科毕业论文（设计）时，应该引导学生正确看待学术热点。

二、学术动态

学术动态主要是指学术研究的新进展、新变化和新突破，反映了学术研究的最新进程。应用型本科毕业论文（设计）只有时刻关注学术动态，全面系统把握学术研究的新进展，才能与时俱进，体现价值。指导教师需要指导学生关注专业本身、研究对象、研究方法的动态发展，正确看待学术动态，加强与学生的交流互动，使学生在完成本科毕业论文（设计）的过程中能够做到对学术动态的合理取舍，为我所用。

（一）关注专业建设的动态发展

本科毕业论文（设计）需要关注专业的动态发展。高等教育的发展是服务于经济社会的发展需要，本科生需要紧跟经济社会的发展，做到与时俱进。"然而目前仍然存在相当程度的高校专业设置滞后现象，即高校专业设置不适应市场需求，表现在：一是高校设置了市场需求不足的专业——夕阳专业，二是高校缺乏市场需求旺盛的专业——朝阳专业。"[①] 不可否认的是，高校专业设置滞后的现象是客观存在的。

鉴于此，我国教育部每年都会新增一批适应经济社会需求的新专业，也会撤销一批已经落后于时代或者不适宜经济社会发展需要的旧专业。以教育部2021年度的普通高等学校本科专业备案和审批结果为例，"本次审批共新增1961个专业点、撤销804个专业点，31种新专业列入《普通高等学校本科专业目录》。教育部在本科专业设置调整工作中，支持高校主动服务国家战略、区域经济社会和产业发展需要，设置符合办学定位和办学特色的专业；引导高校用好学科交叉融合的'催化剂'，推进新工科、新医科、新农科、新文科建

---

① 孙百才、吴克明：《多学科视角中的高校专业设置滞后》，《高等理科教育》，2006年第3期。

设，增设文理、理工、医工等交叉融合的新专业。"① 就今后一段时间而言，"四新"（新工科、新医科、新农科、新文科）背景下的专业发展是指导教师指导本科毕业论文（设计）需要关注和了解的，"四新"改革的背后，是当代知识生产范式发生深刻变化，整体上是中国高等教育在面对人类科技文明发展时的内在要求。

可见，关注专业本身的动态发展是增强本科毕业论文（设计）的前沿性以及应用性的重要参考点，也是本科生能够更好地实现本科毕业论文（设计）与实际社会需求之间对接的一个重要考量。专业本身的新发展、新调整和新动态对于本科生更好地进行专业认知、掌握学术动态都有重要意义。

（二）关注研究方法的动态发展

本科毕业论文（设计）一方面是需要掌握常用的学术研究方法，另一方面则是需要意识到许多学科的研究方法本身的新变化。

从本科毕业论文（设计）常用的学术研究方法来看，主要包括：历史的研究方法，"借助于对相关社会历史过程的史料进行分析、破译和整理，以认识研究对象的过去，研究现在和预测未来"②；逻辑方法，如归纳和演绎（从个别到一般，从感性到理性，再由一般到个别，抽象到具体的方法），分析与综合（把事物分解为具体的属性、部分、方面加以研究，然后对分解的研究再次加以综合），具体与抽象等；实验方法，如观察、测量、统计分析等。

而应用型本科毕业论文（设计）最需要关注的是各领域新的研究方法。主要就是交叉学科的研究方法，即跨学科的研究方法，因为跨学科研究是当代各学科研究方法创新的主要增长点。本科生要关注到研究方法本身的动态发展，首先就需要具备跨学科的思维与视野。

"在国际上，跨学科研究于 20 世纪 30 年代在美国掀起第一次浪潮，在第二次世界大战前后跨学科的研究达到了空前的程度，其后在 20 世纪 70 年代前后又再一次蓬勃发展起来。跨学科的交叉研究的活力是 20 世纪才显示出的，对于当代一些重大而复杂的问题，单学科的研究常常是解决不了的，必然得进行跨学科研究。沿着学科交叉的方向发展下去，它们必然显示出更旺盛的生命力。"③ 从学科属性的角度看，科学研究可以分为单一学科的研究、多学科研

---

① 《教育部公布 2021 年度普通高等学校新增和撤销本科专业名单》，《贵州开放大学学报》2022 年第 30 期。

② 高小和：《学术论文写作（第 2 版）》，南京大学出版社，2010，第 49 页。

③ 郑晓瑛：《交叉学科的重要性及其发展》，《北京大学学报（哲学社会科学版）》2007 年第 3 期。

究、跨学科研究、超学科研究等多种形式。在高等院校为学生提供的学术训练中必不可少地会包括跨学科的研究。指导教师需要启发学生，越是具体且具有现实意义的研究对象，其在复杂的社会生活中的存在就越不可能是单一学科能够全面阐释的。换言之，任何现实意义上的研究或者说应用型的研究都需要跨学科的思维和视野，就像土木工程不能不考虑人文和景观，文学研究不能脱离历史和哲学等。

跨学科研究往往是以一个学科为中心，然后在与其他相关学科的关联处、交叉点、集合面发现新意，但是它并不是简单地把几个学科拼凑起来，跨学科研究还可以是自然科学与社会科学的相互作用和相互结合。就本科阶段而言，指导本科生开展跨学科学术训练主要包含以下三个方面：

其一，在本专业本学科成熟的基础上去整合。现代科学的特点是一种通过分门别类，并不断细化知识来构建的学科，学科又不断产生分支学科。当学科分化到一定程度的时候，就像本科毕业论文（设计）选题和研究对象如果足够细分，那么这种学科分化的思想方法不断分化下去，就又会出现需要转向跨学科研究的情况。指导教师指导本科毕业论文（设计）的过程中，首先需要引导学生用专业的眼光看问题，专业意见足够成熟的时候，又需要及时指导学生从跨学科的角度综合认识问题。

其二，掌握跨学科研究的基本理论与方法。现代学科的许多交叉领域已经有了相对成熟的跨学科理论与方法。例如，"系统科学提出的系统论方法、系统工程技术、信息论方法、控制论方法、耗散结构论方法和协同论方法等，已成为跨学科研究的一种普遍方法"[1]。具体到不同的学科，均有不同的跨学科理论与方法可以借鉴。指导教师指导本科毕业论文（设计），引导学生进行跨学科尝试并不是需要凭空创造，更多的是在已有理论和方法上开展有效的学术训练，并在训练过程中让学生思考更多的学术可能性。

其三，以应用为导向去进行跨学科尝试。应用型本科毕业论文（设计）开展跨学科研究的最大特色还在于跨学科是以实际应用为导向进行的。例如，同一事物可以多种应用，同一方法可以用于多种事物。即应用导向是先有问题，后有研究，而不是从研究到研究，更不是以空对空的纯理论研究。在指导学生完成本科毕业论文（设计）的各个环节，指导教师都需要引导学生从实际问题、实际需要、实际的人和实际的物出发来思考问题和解决问题，并且在其中引导学生从跨学科的角度尽量尝试感受不同学科解决问题的方法与路径。

---

[1] 解恩泽：《跨学科研究思想方法》，山东教育出版社，1994，第22页。

（三）关注研究对象的动态发展

把握学术动态，最核心的就是把握学术的"变"与"不变"，而学术的变化主要是学术所映照的现实对象本身的发展与变化决定的。应用型本科毕业论文（设计）的应用性需要与变化的现实相呼应，要在事物发展变化的过程中总结经验，探寻道路。

首先，应用型本科毕业论文（设计）立足于解决社会发展中的实际问题，而现实中的实际问题从来不是一成不变的。只有适应变化，用动态的眼观思考问题，才能真正应用到学术知识去解决现实问题。这要求指导教师指导学生灵活地使用已经掌握的专业知识，避免用教条和僵硬的知识框架硬套研究对象的情况。

其次，应用型本科毕业论文（设计）的特色还在于帮助学生培养持续的应用探究能力，培养让学生能持续地从实践中总结经验，获取新的知识的能力。从这个角度出发，单次本科毕业论文（设计）的写作需要培养学生持续学习并解决新问题的能力。而培养学生的这种不断实践并解决新问题的能力需要指导教师指导学生正确把握研究对象的动态发展，建立起探究、思考、实验、总结的良性循环。

学生选择某一题目作为本科毕业论文（设计）选题时，通常还不能全面充分地占有研究材料，他们或出于自己的兴趣点，或受到特定文献或者社会文化现象的触发而做出选择。但是随着本科毕业论文（设计）的开展，经过一定的努力之后，学生会获取大量的有效材料，通过对更多资料的比照、分析、筛选，多数学生都会收获新的发现和认知，这些新的发现和认知促使指导教师需要不断调整自己的指导策略，动态地指导学生不断修正和深化自己的研究。

从指导教师指导学生完成本科毕业论文（设计）的角度而言，指导过程必须是动态的，不仅要根据学生对于学术前沿、学术动态的渐进式的深入认知过程而随时调整，也需要根据具体研究对象的变化来调整。这就需要指导教师动态指导学生，也需要学生动态认识自己的研究对象，跟踪最新的信息。

三、学术创新

学术创新是学术研究的灵魂所在，本科毕业论文（设计）属于学术研究的范畴，关键在于学术创新。选题、参考文献、研究方法是本科毕业论文（设计）的主要创新点。简而言之，就是观点新、材料新、方法新，或者观点、材料、方法三者之间的组合创新。

（一）选题与本科毕业论文（设计）的创新性

选题是本科毕业论文（设计）的第一步，也就是决定要"研究什么"，明确研究目标与研究范围的关键步骤。万事开头难。对于大学生写毕业论文（设计），在选题上犯难比较普遍，甚至有的同学会在本科毕业论文（设计）中后期多次选择更换已经开始的选题。爱因斯坦有过非常著名的一段话：提出一个问题往往比解决一个问题更重要，因为解决一个问题也许仅仅是一个数学上的或实验上的技能而已。而提出新的问题、新的可能性，从新的角度去看旧的问题，需要有创造性的想象力，而且标志着科学的真正进步。[①] 在校的大学生必须重视自己毕业论文的选题，然后及早着手准备，那样在写作中学习写作，在设计中学习设计，才能坚持研究，不断突破与收获。

在本科毕业论文（设计）的选题中，创新性是必须考量的。创新性虽然并不能决定本科毕业论文（设计）的全部价值的大小，但创新性是评价学术论文是否具有学术价值的重要前提。许多人认为，创新就是要选择前人没有研究过的课题，创新就是弥补研究的空白。对于本科生而言，要填补学术空白难度很大，大多数学生的本科毕业论文（设计）的创新性不在于创造，而在于选题的角度要紧跟现实，紧跟前沿。例如一位学生的本科毕业论文（设计）题目是《论李白诗歌在唐代的广泛传播》，在指导教师的指导下查阅大量历史文献资料，最后得出结论：李白诗歌在唐代得到了广泛的传播。该学生的问题根源，正在于本科毕业论文（设计）选题本身没有创新性，选题的角度导致其很难掌握历史文献资料，在写作中无法生出新意，最后只能得出一个早已被证实或者不需要被证实的结论。俗话说，文好题一半。选题需要兼顾专业、把握社会需求、把握学科交叉、把握创新。其中，选题本身是否具有创新性，决定了整个文章的走向与价值。

本科生在写作本科毕业论文（设计）的过程中，虽然本科毕业论文（设计）更重要的是对四年专业学习的总结，是整个高等教育的一个环节，论文评价更注重过程本身给学生带来的成长与进步。但是作为学术论文，如果不具有创新，学生的本科毕业论文（设计）则很难达到一般的学术论文的要求。

本科毕业论文（设计）的创新性一般集中体现在下面五个方面：

其一，题目、观点和材料全是学生自己的，是前人没有关注的。这一点随着互联网时代的到来，确实出现了许多新的、小众的、未受关注的研究领域，

[①] 爱因斯坦·英费尔德：《物理学上的进化》，上海科学技术出版社，1962，第66页。

本科生作为年轻、时尚的群体，往往能够关注到这样一些新的领域，掌握一些新的材料。同时，对于经典的旧材料，不同时代的学生往往也会有自己独特的看法。

其二，前人有结论，但是不完全或者有谬误的地方。这一类选题，学生主要在"破立之道"中创新，指正或者修正、补充前人的结论，以及从专业的角度批评社会上一些违背常识的错误观念等，这往往需要学生有较好的学术功底，或者有足够支撑自己见解的支撑材料。

其三，前人提出了假说或者猜想，或者前人有关注，但是忽略了一些地方的问题。这类选题，往往由于历史的推移出现，可能是前人研究条件不具备，随着时代的发展与进步，条件逐渐成熟，学生接过前人的假说，把不确定变成确定，本身就具有创新的意义。

其四，一些还在发展中的问题，一些具有潜力的问题。这类课题往往立足于当下，学生通过对当下的一些热点展开思考，以获得新意。同时，选择有潜力的研究对象，意味着学生以后可以持续研究。

其五，对定论提出挑战。由于时代的变迁或者技术的进步，许多过去正确的定论在新时代不一定正确，学生通过新的观点、材料和方法可以通过反驳过去的观点获得新意。例如，曾经有学者写论文提出敦煌莫高窟的壁画是受到了西方野兽派绘画的影响才会有黑框粗线条。然而随着碳检测等现代考古技术的进步，研究人员发现，所谓的黑框只是绘画时的描边，在此基础上还有彩色图层，只是时间太久，这些颜料挥发，故而只剩下黑框，这种基于黑框的主观上牵强附会的研究是应该被批驳的。

（二）参考文献与本科毕业论文（设计）的创新性

创新是学术论文的灵魂。本科毕业论文（设计）写作的起点是参考文献，文献综述是本科生在本科毕业论文（设计）开题阶段的必修课。而参考文献也是本科毕业论文（设计）开题答辩老师评审论文的重要参照系。"科学研究工作的一个显著特点是具有继承性和关联性，所有的科研成果几乎都是对前人工作的继续和拓展。论文作者在其课题的选题论证、实验研究、理论分析以及总结和撰写论文的过程中都要参阅和利用大量的文献吸取前人的研究成果并在对其消化、分析的基础上确定自己的研究方向和工作内容然后通过进一步的深入研究，才能取得创造性的成果"[①] 在本科毕业论文（设计）的参考文献中，体

[①] 朱大明：《参考文献的主要作用与学术论文的创新性评审》，《编辑学报》2004年第2期。

现"创新"的有如下方面：

在选题背景方面创新，其一，采用近期刊发的参考文献，学术界最新的研究成果以及时效性强的文献一定程度上可以体现最新学术动态；其二，参考文献的广度也可以体现出选题的独创性；其三，参考文献的深度，选择高水平和有代表性的参考文献，可以一定程度上体现出论文的学术起点。

对于论题的参考文献而言，其一，采用最新的参考文献来展开论题，从而延展出新的论证、新的认识和新的发现；其二，论文引用权威期刊的参考文献一定程度上可以体现出研究本身的起点较高；其三，引用经典学术专著，通过引用经典学术专著来论述自己论题的新观点，一定程度上也可以体现出学术上的创新。

对于反论题的参考文献，论文把参考文献中的观点作为质疑、反驳、争论、批判的对象。能够引用反论题的参考文献一定程度能够体现学术论文本身的创新性。

还有作为论据的参考文献。本科生一般鲜有发表论文的，但是也有一些同学大学期间参与了一些项目，有自己已经公开发表的论文、设计或者专利等，这部分同学如能把自己已经发表的论文或已经获得的专利作为参考文献，无疑有助于展现他在某个研究方向上的深度，且有了新的进展和发现。如没有发表成果或专利，许多同学如果拥有实习、实践经验，就能把自己实习和实践的经验作为参考文献引入到论文中，同样有强化论文应用性、创新性的效果。

（三）研究方法与本科毕业论文（设计）的创新性

在本科毕业论文（设计）中，明确研究方法是解决"怎么干"的问题。合适的研究方法可以让研究事半功倍，不合适的研究方法则可能南辕北辙，事倍功半。

研究方法上的创新是学术论文创新的重要途径，然而"在相当长一段时间中国哲学社会科学的学术研究不大讲究研究方法，产生出不少平庸之作或伪作"，尤其对于哲学社会科学而言，研究方法创新不足。故而有学者指出中国哲学社会科学研究方法创新需要"加强哲学社会科学研究方法和方法论的基本问题研究""加强新的研究方法的研究""加强利于方法创新的宽松的学术研究环境的建设""加强研究方法和新的方法的选择和应用""加强学者方法论及相关知识的更新"。[①] 就本科毕业论文（设计）而言，加强研究方法上的创新

---

① 叶继元：《推进哲学社会科学研究方法创新刍议》，《学术界》2009年第2期。

也面临很大挑战。

指导教师指导学生在研究方法上创新主要考虑的还是专业适配以及与研究对象适配的问题。在研究方法上，要避免直接套用理论或者结论，泛泛而谈，应该根据专业属性和选题内容将研究方法具体化。这种具体化可以是在已有研究方法上的改造，例如"分析法"就可以根据内容具体为"文化分析法"，也可以根据学科具体化为"定性分析法""定量分析法"，还可以找同义词，"解析法""辨析法""剖析法"等。确立研究方法需要遵循"问题导向"，即用特定的方法去解决特定的问题。然后研究方法需要切合研究内容与框架，在内容的基础上把研究方法具体化，然后提出具有可操作性、可行性的方法。

第三节　思想引领

本科毕业论文（设计）作为一门课程，具有重要的课程思政功能，通过对本科毕业论文（设计）的指导，拓宽学生的学术视野，提升学生的思想境界，是本科毕业论文（设计）的宗旨所在。在应用型本科毕业论文（设计）的指导过程中，培养学生的合作精神、创新精神，显得尤其重要。

一、合作精神

在当今学科分化越来越细化、知识更新速度越来越快的情况下，仅仅靠某一方面的专业能力难以完成复杂的研究任务，合作精神显得特别重要，在本科毕业论文（设计）完成过程中培养学生的合作精神非常必要。师生之间应该在平等自愿、目标相同、资源共享等要素基础上建立合作关系。指导教师还需要从学生职业生涯发展规划的角度看到培养学生合作精神的重要性，训练学生参与合作的基本方法，通过本科毕业论文（设计）过程中合作精神的培养，帮助学生更好地从校园过渡到社会。

（一）从师生关系的视角看待"合作"

据一些学者考证，"世界上最早的合著论文发表于1665年，而世界上最早发行的期刊《哲学学报》也是1665年创刊的。也就是说，自世界上最早的期刊创刊开始，便有合著论文的存在。"[①] 从广义上讲，学术交流甚至学术引用

---

① 赵蓉英、温芳芳：《科研合作与知识交流》，《图书情报工作》2011年20期。

都是科研合作，而狭义的科研合作是指合著。显然，广义的科研合作过于宽泛，而狭义的科研合作过于狭窄。对于本科毕业论文（设计）而言，过于宽泛的定义不利于学生有意识地开展合作，过于狭隘的定义不能普遍适用于毕业生学位论文独创性方面的需要。值得注意的是，在本科毕业论文（设计）中，指导教师与所指导的学生之间如何进行科研合作也是指导教师需要重点思考的。从基本原则上，指导教师与学生之间的科研合作需要符合平等自愿、目标相同、资源共享的特点。

从平等自愿的角度而言，指导教师与学生之间的指导关系需要建立在双向选择的基础之上，在本科毕业论文（设计）的选题以及具体的材料使用等方面，指导教师都需要充分尊重学生的意见，给学生自主成长的空间。

从目标相同的角度而言，指导教师与学生之间最好在研究方向上是契合的。指导教师需要明确指出学生在本科毕业论文（设计）各阶段的具体目标，并给予一定的支持与帮助。

从资源共享的角度而言，指导教师需要帮助学生获取学术资源，也要与学生分享自己的观点与看法，要给学生搭建能够自由发挥的学术舞台，允许学生充分发表自己的意见和观点。

在指导教师指导本科毕业论文（设计）的过程中，往往会同时指导多篇本科毕业论文（设计），这需要指导教师注意在科研训练中着力营造积极的学术氛围，要让同一指导教师的多位学生之间相互合作，相互帮助，共同进步。许多时候，本科毕业论文（设计）中的一些基本问题并不是全部都要依靠指导教师一个人的力量来帮助解决，指导教师可以引导学生之间相互合作，共同探究如何解决问题。指导教师在这指导策略上还需明白，学生在本科毕业论文（设计）环节不是只需要学会查文献、学会设计课题、学会做实验等，更重要的是立德树人。从这个角度出发，指导教师有意识地培养学生的合作精神是一件意义更重大，更本质的工作。

（二）从职业发展的视角看待"合作"

应用型本科教育的最大特色在于搭建学生与具体工作之间的桥梁。对于应用型本科毕业论文（设计）而言，指导教师需要从学生的职业生涯发展规划的角度，在学生接受学术训练、技能训练的过程中，有意识地培养学生的合作精神，这有利于学生未来的职业发展。

其一，指导教师与学生之间，学生与学生之间，首先面临的是人际关系。本科毕业论文（设计）是学生个人成果的展示，其实也是指导教师与学生合作的展示。通过本科毕业论文（设计），让学生学会合作，学会双赢，正确处理人际关系十分重要。一些指导教师在指导学生完成本科毕业论文（设计）的过程中，不能引导学生学会合作与双赢，不仅会造成师生关系紧张，也会造成学生产生大量负面心理，违背教育的初衷，影响本科毕业论文（设计）的顺利完成。

其二，应用型毕业论文（设计）具有很强的实践性。在查找资料或者思考问题的过程中，一个人不可能占有所有资料，也不可能不与他人交流而闭门造车，尤其是需要大量田野调查或者问卷、调研之类的选题。指导教师必须指导学生学会与人合作，因为人无完人，我们只有学会与人合作，才能取长补短，不断进步，学会借助别人的力量是学生在成长中的必修课。而且，在既定的目标下，如何通过与他人合作，实现更快更好地达成目标，这是学生今后在职场经常会遇到的问题。应用型本科毕业论文（设计）需要在学术训练中教会学生学会换位思考，建立信任，从而富有合作精神。一些学生在完成本科毕业论文（设计）的过程中，态度消极，完全依赖指导教师的督促和指导，把重心放在指导教师身上而不是自己身上，这就需要指导教师从合作精神入手，明确学生的主体位置。此外，一些学生未来可能走向领导岗位，学会彼此成就是他们的必修课，合作型领导更具有竞争力。

（三）从立足社会的视角看待"合作"

应用型本科院校往往采取产学研合作教育的模式。"产学研合作教育是以培养学生优良素质、综合能力和就业竞争能力为重点，充分利用学校与企业、科研单位等多种不同的教育环境和教育资源以及在人才培养方面的各自优势，把以课堂传授知识为主的学校教育与直接获取实际经验、实践能力为主的生产、科研实践有机结合的教育形式。在应用型人才培养过程中采用产学研合作办学的模式，是为了从根本上解决学校教育与社会需求脱节的问题，缩小学校和社会对人才培养与需求之间的差距，增强学生的竞争能力。通过产学研合作教育，利用学校和社会两种教育环境，合理安排课程学习与社会实践，使人才培养方案、教学内容和实践环节更加贴近社会发展的需求，促进学生实践能力和整体素质的提高，达到培养应用型人才的目的。"[1]

就本科毕业论文（设计）而言，"毕业设计环节薄弱，毕业设计论文水平低。本科毕业论文（设计）选题与生产实际脱节，假设的多，联系生产和科研

---

[1] 黄双华：《产学研合作教育是培养应用型本科人才的有效途径》，《科学学与科学技术管理》2004年第4期。

的少"① 是应用型本科人才培养中普遍存在的典型问题。解决这个问题，开展产学研合作教育意义重大。产学研合作教育不仅利于用人单位参与市场的人才竞争，也有利于高校培养多样化的人才，最终有利于学生的生存与发展。

具体而言，指导教师在指导本科毕业论文（设计）的过程中，要贯彻产学研合作教育的应用型教育理念，一方面要做好校内的指导，另一方面需要让学生走进具体的企业、实验室、工地现场等，要让学生在学校与企业的产学研合作模式下完成本科毕业论文（设计），不能纸上谈兵，只在校内做学术研究。

二、创新精神

培养学生的创新精神是本科毕业论文（设计）的重要功能之一，指导教师需要转变观念，辩证地看待教育与创新的关系。让学生在理论与实践上都做到内外兼修，从思想观念、评价机制、环境营造等方面保障学生的创新热情，让学生充分在自己的舞台上创新创造。

（一）辩证看待教育与创新的关系

尽管创新与人类社会相伴，但创新作为学术概念最初是一个经济学和技术学词汇。而从教育的角度而言，创新的生成是一种教育现象。"教育的任务是毫无例外地使所有的人的创造性和创造潜力都能结出丰硕的果实，这就要求每个人都有自我负责和实现个人计划的能力。这一目标比其他所有目标都重要。这一长期而艰巨的目标的实现，将为寻找一个更加美好、更加公正的世界做出重大贡献。"② 但是教育既保护创新，也有可能损害创新。

一方面，创新面临着风险，有脆弱性。同时，创新对于社会环境和个体的实际情况也是有依赖性的。如果教育不激发和保护创新，有可能导致创新被功利所左右和误导，也很难做到"从无到有"的突破。

另一方面，创新是复杂的，并不能被程式化。如果教育过于强调规范和警示，有可能反而在教条中损害了创新。

具体到本科毕业论文（设计）中，指导教师需要辩证看待教育与创新之间的关系。既要激发、鼓励和保护学生的创新，也要避免过分使用教师权力，阻碍了学生创新的可能性。

---

① 同上。
② 《国际21世纪教育委员会报告：教育财富蕴藏其中》，教育科学出版社，1996，第6页。

（二）创新精神需要内外兼修

从理论基础而言，培养大学生的创新精神有着丰富的理论基础。江泽民同志在第三次全国教育会议上指出："教育是知识创新、传播和应用的主要基地，也是培养创新精神和创新人才的摇篮。"① 2019年，中共中央办公厅、国务院办公厅印发了《关于进一步弘扬科学家精神加强作风和学风建设的意见》，要求大力弘扬勇攀高峰、敢为人先的创新精神。"可以说，'勇攀高峰、敢为人先'是新时代创新精神的核心要义。"② 习近平总书记指出，"我们党之所以能够历经考验磨难无往而不胜，关键就在于不断进行实践创新和理论创新"，"把坚持马克思主义和发展马克思主义统一起来，结合新的实践不断作出新的理论创造，这是马克思主义永葆生机活力的奥妙所在"。③ 我国高等教育的宗旨是为党育人，为国育才。高等学府要"加快建立以创新价值、能力、贡献为导向的人才评价体系，紧紧抓住制约评价改革的重点问题和关键环节，积极创造条件，让愿创新、敢创新、能创新者都有机会一展身手。"④ 大学要为大学生创新提供舞台，其中思想政治方面的教育是培育学生创新精神的主渠道，本科毕业论文（设计）环节是辅助培育学生创新精神的环节。

现实生活中，评价一个人是否具有创新精神远远比评价其是否具备创新能力难得多。因为创新能力可以培养，但创新精神不一定能培养，创新精神是创新能力发展到更高阶段、更深的维度才具备的。

但是，"真正的教育总是追求对灵魂和精神的拓展和深入"⑤，这并不意味着教育就要放弃对于学生创新精神的培养。有学者指出创新精神的形成有三个阶段：第一是自我的创新精神阶段，主要指人的儿童时期自我意识觉醒带来的创新，通常人们都会认为这一阶段的儿童最具有想象力；第二是外化的创新精神阶段，即孩子开始读书，还是被量化的考核，开始被外化的标准来影响其创新的阶段；第三是统一的创新精神阶段，这个阶段的创新，是人的内在和外在的和谐统一的结果。⑥ 具体到大学生群体，他们的创新精神的形成就需要内在

---

① 《邓小平文选》（第三卷），人民出版社，第382页。
② 陈小波、周国桥：《新时代大学生创新精神的生成及其培育》，《学校党建与思想教育》2022年第4期。
③ 习近平：《在哲学社会科学工作座谈会上的讲话》，《人民日报》，2016，第1—16页。
④ 《为党育人为国育才》，中华人民共和国教育部网站，http://www.moe.gov.cn/jyb_xwfb/s5148/202201/t20220124_596030.html
⑤ 陈龙安：《创造性思维与教学》，中国轻工业出版社，1999，第94—100页。
⑥ 孙其华：《创新精神培养与学校道德教育改革》，南京师范大学，2005，第42—43页。

和外在的统一，需要理论创新和实践创新的统一。

从指导教师的角度而言，培养学生的创新精神。需要指导教师改变毕业论文指导的模式，"从知识传授的角度来看，要实现由'占有'的教学模式到'理解'的教学模式转换。"① 应用知识不是为了占有知识，知识的占有不是本科毕业论文（设计）的目的，指导教师指导学生完成本科毕业论文（设计）需要引导学生探究知识发展的可能性，是理解知识，而不是占有知识。同时，从本科毕业论文（设计）的指导过程看，指导教师要侧重于学生对话，而不是只给学生指派任务。

（三）毕业环节培养学生创新精神的途径

在本科毕业论文（设计）环节培养学生的创新精神，需要指导教师转变教育思想观念，从评价机制、环境营造等方面下功夫。

其一，从思想观念上，指导教师在本科毕业论文（设计）的全过程都需要鼓励学生发展个人的特长和兴趣爱好，不能把学生的本科毕业论文（设计）看成是消极的被管理的对象，不能强行将自己的观点灌输给学生。要把学生视为有独立性的个体，为其提供更多的选择，尊重学生的个性特征。另一方面，指导教师要帮助学生破除对于学术权威的迷信，克服盲从意识，让学生有意识地发表个人的意见和见解。此外，指导教师应该更加侧重学生个人的进步与成长，避免揠苗助长，学生在自己的起点上的进步对于学生而言都是新的收获。

其二，从评价机制上，在本科毕业论文（设计）环节，需要建立良性的师生互动机制和毕业论文创新性的评价机制。"应用型本科学生本科毕业设计（论文）创新不足，研究价值不高的现象普遍存在。"② 而伴随着本科毕业论文（设计）创新不足的问题，还会助推新的问题，例如抄袭问题。反抄袭的机制其实是督促学生原创或者创新的，然而目前反抄袭的机制并不健全，主要依靠计算机的字词重复率分析，无法真正检测论文是否抄袭。要保证本科毕业论文（设计）的创新，除了在评价里要有创新性的评分，也需要多管齐下，杜绝抄袭等问题。

其三，从环境营造上，指导教师应该努力营造轻松和谐的氛围。良好的研究环境和氛围能让学生保持活跃的思想心灵，敢于大胆试错，不怕失败。鼓励

---

① 刘学忠：《大学生创新精神与创新能力的培养路径》，教育研究，2008，第1期。
② 王鑫：《毕业设计（论文）质量问题影响因素探析——以应用型本科为例》，《大学教育》2019年第12期。

学生去探索，去发现，去总结和形成自己的观点。及时肯定学生个人的观点和见解，让学生有获得感，有持续探究的动力。同时，要经常组织学生一起阅读，一起讨论，一起调研，经常分享心得和相关咨询等。

总而言之，培养大学生的创新精神是新时代大学教育的重中之重。在本科毕业论文（设计）环节，既是对整个四年创新培育成果的一次检阅，也是一次训练和提升。指导教师要充分调动学生的积极性，鼓励学生去想象、去实践、去质疑，让学生有创新意识，能够逐渐具备创新精神。

第五章　应用型本科毕业论文（设计）的育人评价

本科毕业论文（设计）不仅是学术研究的问题，也是以学术研究为路径的育人过程，发挥着重要的育人功能。从实施状况上看，应用型本科毕业论文（设计）育人方面是相对比较薄弱的环节，其育人评价尤其薄弱。从过程上看，应用型本科毕业论文（设计）在选题、指导、答辩等环节比较注重学术性要求，遵循着"质化"的模式，相对忽略育人性要求；从管理上看，应用型本科毕业论文（设计）较多关注目标、任务、指标本身，遵循"量化"的模式，较少关注育人任务；从效果上看，应用型本科毕业论文（设计）倾向于学术能力的培养，遵循"物化"的模式，相对忽略人文精神的塑造。以上情况的存在导致应用型本科毕业论文（设计）的育人功能发挥不到位、不充分、不协调。本章主要从过程、管理、效果三方面深入探讨应用型本科毕业论文（设计）的育人评价问题，为应用型本科毕业论文（设计）及其育人体系建设指明方向，提供重要参考。

第一节　过程评价

作为一门课程，本科毕业论文（设计）是一个相对独立的教学环节，也是一个相对完整的育人体系。学生在完成本科毕业论文（设计）的过程中，一方面可以在导师的指导下提高自身的学术素养、学术水平和研究能力，另一方面要在导师的引领下自觉提高自身的政治素养、思想品质，养成良好的创新精神和治学态度。同时，在选题、指导和答辩环节，导师不仅要对学生进行学术指导，更要对学生进行思想引导，充分把握好、利用好、发挥好本科毕业论文（设计）的育人功能，全面实现本科毕业论文（设计）的育人功能，培养德才兼备的合格人才。

由于应用型本科毕业论文（设计）一般历时比较长，过程也比较复杂，影响质量的因素较多，任何一个环节都会影响到本科毕业论文（设计）最终的质量，所以本科毕业论文（设计）的过程监控管理需要从选题、指导、答辩等各个环节进行全方位的评价，以便及时反馈信息，改进管理，确保本科毕业论文（设计）的质量水平及育人功能的实现。

一、选题环节的育人评价

选题是本科毕业论文（设计）的起点环节，也是决定本科毕业论文（设计）方向、内容、方法、质量、水平的重要环节，本科毕业论文（设计）的其他工作都是围绕选题开始的。应用型本科毕业论文（设计）的选题与其他类型的本科毕业论文（设计）相比的典型特征是体现理论联系实际，突出应用性、实践性，重点在于为了解决生产实践中的实际问题。因此，应用型本科毕业论文（设计）的选题一方面应面向产业生产实践的现实需要，以解决产业生产实践中的现实问题为指向，另一方面，其育人功能与其他类型的本科毕业论文（设计）也有所不同，具有自身独特的方式方法与途径。因此，从评价的角度上看，应用型本科毕业论文（设计）选题环节的育人功能应重点从以下几个方面着手和把握：

（一）以选题的应用性引领学生正确定位专业能力

1. 选题的应用性

应用型本科毕业论文（设计）的选题应以应用为本位，聚焦专业应用，围绕产业需求而进行，各专业的选题要巧妙地将专业理论和生产实际需求紧密结合起来，力求选择在本专业领域内具有实用价值的研究课题，在此基础上考虑选题的先进性和新颖性。因此，对于应用型本科毕业论文（设计）而言，对选题的评价应以"应用性"为核心，看选题是否体现了社会需求，是否解决了生产实践中的实际问题。对应用型本科毕业论文（设计）选题的评价，具体应重点关注以下几个因素：选题是否来源于生产、建设、管理一线，是否体现了一线的实际需求；选题是否具有一定的实用价值和经济效益，是否体现了技术或管理上的创新；选题是否具有专业适应性，是否体现了专业能力的具体应用；选题是否具有先进性、新颖性，是否体现了专业应用的最新进展，等等。

从这个角度上讲，应用型本科毕业论文（设计）选题体现为应用性，目的在于培养学生的专业应用能力，培养学生利用专业知识和技能发现问题、进而在此基础上分析问题和解决实际问题的能力。因此，选题应该与各专业培养目标相一致，有利于发挥专业优势，培养学生的实践能力和应用技能，体现学生对本专业基本理论、专业知识的掌握情况。同时，选题应该与经济社会发展的实际相结合，体现社会需求，服务社会发展，聚焦应用价值。选题应预见到研究成果的可转化性，有利于将研究成果转化为现实生产力，有助于提高产业效益、经济效益和社会效益。

2. 以应用性引领专业能力提升

以"应用性"为指向的选题，其引领性是指通过选题能够引领学生形成正确的专业认知，在系统梳理和全面分析专业基础理论、基础知识、基本技能的基础上，了解专业的应用条件、应用范围、应用场景和应用前景，核心是形成与掌握专业能力。通过本科毕业论文（设计）的选题，要引导学生重塑专业认知，了解专业知识的"前因后果""来龙去脉"，全面回顾与系统梳理专业知识体系，明确专业应用方向。同时，要引导学生积极进行社会调研，深入产业一线，洞察产业状况，了解产业技术需求和管理状况，理论联系实践，将专业知识与产业需求对接起来，寻找二者之间的契合点，要善于运用专业知识解决实践中的具体问题。

(二) 以选题的实践性引领学生的正确认识职业前景

1. 选题的实践性

实践性是应用型本科毕业论文（设计）选题的突出特征，实践性也体现在应用型本科毕业论文（设计）完成的整个过程之中。实践性是应用性的必然结果，实践性以应用性为基础，是对应用性的具体落实和系统展开。选题的实践性要求：（1）选题来自调研。应用型本科毕业论文（设计）的选题往往不是来自文献，也不是来自指导教师的安排，而应该来自学生亲自参加的市场调研，应该是学生在身临其境的调研中获得的研究课题。（2）选题应该是学生自我设计的结果。学生应该按照应用型人才培养方案的要求和本科毕业论文（设计）管理文件的规定，在明确选题方向的基础上，自我探索研究内容，并进一步设计为本科毕业论文（设计）的选题。（3）选题以服务生产实践为目的。应用型本科毕业论文（设计）的选题来自实践的需要，研究成果的去向也应该是服务生产实践，实践是选题、研究的主线和宗旨，脱离了实践的需要，应用型本科毕业论文（设计）的选题就失去了应有的意义和价值。

2. 以实践性引领职业能力认知

实践性不仅是应用型本科毕业论文（设计）选题的重要体现，而且发挥着课程思政育人的重要功能。由于实践性的要求，学生为了选题需要深入生产实践的一线，了解实践的需求和存在的问题。在这个过程中，学生会自觉残不自觉地对实践环节的具体内容有所认识和了解，这种认知和了解有利于学生对职业的认知和选择，因为二者具有相似的场景。因此，通过选题环节，应强化学生的职业认知，将选题过程作为职业能力培养的过程和中介，学生应注重对选题实践过程和环节的分析和把握，感悟实践的细节和过程，评估自身的职业能力，为职业选择和成功就业奠定基础。对本科毕业论文（设计）选题环节课程思政功能的评价应以实践的需要和实践为主线，聚焦职业认知和职业能力培养，促进学生在选题过程中增进对职业的认知和了解。

（三）以选题的社会性引领学生正确把握学业发展

1. 选题的社会性

选题的社会性是指选题是开放的、面向社会现实的，而不是封闭的、指定的。应用型本科毕业论文（设计）的选题应该具有广泛的社会性，学生应该走出校园，走向社会，在社会实践中获得选题，真题真做，以社会实践中真实存在的问题或现象为切入点，设计选题进行研究，研究成果反馈到社会之中，服务社会问题或社会现象的解决。学生要通过社会实践等形式积累素材，要善于观察社会现实，从中发现和提炼问题。学生要善于从社会生活中发现问题，善于捕捉社会生活背后的社会问题，以小见大，将其设计为本科毕业论文（设计）的选题进行研究，促进社会问题的解决。选题的社会性要求学生：（1）融入社会，感知社会，增强切身体验。学生走出"象牙塔"，进入社会大环境，广泛获取和积累素材，并进行一番去粗取精、去伪存真的分析工作，透过现象看本质，科学合理设计选题。（2）进行广泛的社会调研。通过问卷、访谈、走访等形式，多渠道、多角度、多侧面地了解社会，通过各个环节捕捉有效信息，了解社会需求，发现社会问题，进而设计为本科毕业论文（设计）的选题。

2. 以社会性引领学习品质养成

从社会性的角度出发，可以认为，选题的过程即学习的过程，也是增长见识的过程。因此，不能仅仅把选题当作完成本科毕业论文（设计）的一项首要任务，而且应该通过选题的过程引领学生在社会中学习，养成良好的学习品质，通过选题，培养学生善于观察、善于积累素材，以及善于发现问题、分析问题、解决问题的能力，培养学生终身学习的习惯、品质和能力。面对信息开放、社会复杂的局面,要通过选题培养学生善于透过现象看本质的能力,这也是本科毕业论文(设计)选题环节的育人功能之一。从评价的角度上讲,应用型本科毕业论文(设计)选题环节应重点考察以下几个方面:(1)学生在选题过程中是否融入了社会,是否参与了社会实践或调研,在这个过程中是否能够掌握社会观察法,获得的选题是否反映了真实的社会现象或社会问题;(2)学生在选题的过程中是否掌握了社会学习的本领,是否养成了在社会中学习的良好品质,对选题的认识过程是否具有科学性、合理性;(3)通过本科毕业论文(设计)的选题,学生是否形成了善于观察和学习的良好习惯、技能与品质,交流与合作的意识、能力是否有明显提高,等等。

二、指导环节的育人评价

指导环节是本科毕业论文(设计)的主要环节,也是提高本科毕业论文(设计)质量的重要环节。本科学生相对缺乏科研经验与科研方法,缺乏从事研究工作所具备的综合素质与能力,因此,加强指导显得格外重要。指导主要是指导写作、查阅资料和方法,指导环节的作用一方面在于帮助学生保质保量完成本科毕业论文(设计),另一方面也在于帮助学生形成从事学术研究所具备的各种素质与能力,以便于自己能够独立开展较小规模的学术研究。在以上功能实现的同时,指导环节还承担着育人的作用,具有重要的育人功能,通过教师的指导,使学生达到认识到位、育人功能有效得到发挥的目的。就应用型本科毕业论文(设计)而言,指导环节的育人功能体现在:通过教师的指导,培养学生的综合素质,提高学生的思想认识,拓展学生的思想境界,培养学生成长成才成人。从评价的角度上看,应用型本科毕业论文(设计)指导环节的育人功能应重点从以下几个方面着手和把握:

(一)基于文献指导的学术品质培养

本科毕业论文(设计)的选题相当于一个小的研究项目,研究过程具有系统性,研究成果具有创新性,属于学术研究的范畴。学术研究需要借鉴和参考前人的研究成果,因此,文献查阅十分重要,本科毕业论文(设计)的选题确定之后,首先需要做的工作就是文献查阅,要全面系统了解同类选题的研究现状,明确研究的创新之处和存在的问题与不足,以便进一步明确自身研究的方向、目标、任务以及重点难点,做到心中有数,有序推进。当然,文献查阅本身也是借鉴与参考前人研究成果的过程,是在前人研究基础上的进一步创新。本科学生,特别是应用型本科学生,对文献查阅及借鉴的能力比较薄弱，缺乏研究经验，在文献查阅方面往往存在较多的疑惑，因此，教师的指导是关键。目前，本科毕业论文（设计）的指导比较简单化，缺乏对本科毕业论文（设计）各环节的相对完善的指导，对文献查阅的指导更是相对忽略，导致相当比例的本科毕业论文（设计）在文献借鉴方面存在问题较多。同时，文献查阅的指导，也是学术思想引领的过程，通过文献查阅的指导，培养学生严谨的学术意识和守正创新的学术品质，这正是本科毕业论文（设计）文献研究环节的育人功能，也是目前本科毕业论文（设计）指导环节较为薄弱的环节。基于以上，文献指导环节的育人功能及其评价应从以下方面着手：

1. 文献研究的指导

文献研究的指导体现在文献检索、文献分析、文献综述等方面。就文献检索而言，包括多种方法（已在第三章详述），教师要根据专业的不同和当前条件的实际情况，有针对性地对学生进行指导，目的是尽可能全面、系统地收集文献资料，以便分析之用。文献分析属于学术研究中的难点环节，理应成为指导的重点，但事实情况是，很多指导教师往往忽视了对文献分析的指导，教学管理部门也对文献分析不予重视，导致学生对文献的分析标准不一，比较混乱，质量不高等情况的发生。因此，要加强对文献分析环节的指导，帮助学生弄清研究现状，为后续研究奠定基础，为学术创新指明方向。文献研究的结果是完成文献综述，文献综述质量水平代表了文献研究的程度，是检验文献研究的标尺，一些学生不会写文献综述，或者写不出文献综述，都是文献研究不足的体现，指导教师应加强指导，为学生提供方法和标准，作为参考，帮助学生掌握文献综述的表达方法，形成写作文献综述的能力。

2. 学术品质的培养

对文献研究的指导，目的不仅在于文献研究本身，而且在于学术品质的培养。通过文献研究的指导，应重点培养学生以下学术品质：（1）守正创新的学术精神。学术研究的灵魂在于创新，通过对文献研究的指导，应培养学生敢于创新、善于创新的学术品质，培养学生尊重前人研究成果的意识和在前人研究基础上进行创新的能力。（2）恪守正途的规则意识。充分占有文献、全面分析文献的目的，不在于罗列和堆砌文献，而在于了解研究现状，在于合理使用文献进行科学的推理和论证，在于通过前人的研究，将学术研究推进一步。但是，在使用文献进行论证的时候，必须尊重前人的劳动成果，不能抄袭或变相抄袭别人的研究成果，更不能歪曲别人的研究成果，要遵守学术研究的基本规范和规则。（3）严以自律的学术道德。在文献研究的指导过程中，教师引领学生在客观分析文献的同时,应做到遵守学术道德,不能为了研究的需要歪曲文献,或断章取义,或篡改数据,或错误引用,等等,培养学生养成正确的学术研究品质,沿着正确的学术研究道路不断前进。

(二) 基于写作指导的思想品质培养

就本科毕业论文(设计)而言,写作是指学术表达,即学生将学术研究的结果通过规范的形式表达出来,形成结构完整、符合标准的文本,以便做进一步成果转化、供后续研究查阅和学校留存。本科毕业论文(设计)的写作是一个复杂的过程,不仅有篇幅的要求,而且结构完整,每个部分都有具体的要求(这在第三章已有阐述),章节之间要体现严密的逻辑性,等等。对于本科学生而言,本科毕业论文(设计)的写作较为困难,普遍感到无从下手,对整篇论文的结构难以掌控,容易造成前后不一、逻辑混乱等等问题。因此,加强对写作环节的指导,是本科毕业论文(设计)的重要方面,在帮助学生完成写作任务的同时,可以培养学生具备学术研究的优良品质,端正思想态度,形成良好的思想品质。从评价的角度上讲,老师通过写作指导,一方面衡量学生的本科毕业论文(设计)是否达到了学术表达的要求,另一方面衡量是否达到了培养学生思想品质的目的。

1. 学术表达的指导

学术表达不同于其他文体的写作,它是将学术研究的思路和结论揭示出来的过程,遵循着缜密的逻辑性和严格的推导过程,这样得出的结论才能经得住推敲、值得信赖,也才能具备成果转化、后续研究参考的价值。教师应高瞻远瞩,正确掌握写作指导的要领,只有遵循学科专业的规律,结合学生选题的情况,根据每个学生的不同情况,对每个学生施以针对性的指导,才能取得预期的成效,具体包括以下几个方面:(1)研究思路的指导。要让学生明确学术研究的目标、任务、重点是什么,研究的框架、思路、过程是怎样的,通过研究,最终得出什么样的结论,等等。(2)逻辑结构的指导。要帮助学生对整个本科毕业论文(设计)进行逻辑建构,理清层次结构,明确每一部分之间的关系和需要研究的内容,做到心中有数、按图索骥。(3)表达方式的指导。这里涉及学术论文的写作方法、注意事项、基本规范,等等,属于学术表达的技巧问题,教师可简明扼要加以指导,文科类、理工类的学生应该有不同的针对性。

2. 思想品质的培养

在学术表达指导的过程中,不仅要培养学生掌握学术表达的基本要求,帮助学生顺利地完成本科毕业论文（设计）的写作，而且通过学术表达，培养学生良好的思想品质，具体包括以下三个方面的内容：（1）培养学生乐观向上的人文精神。本科毕业论文（设计）的写作过程包含对学生多能力及品质的培养，乐观向上的人文精神培养是重要的内容之一，教师通过写作指导，培养学生高尚的思想境界和人文情怀、良好的学术追求和守正创新的学术品质。（2）培养学生善于学习的前沿意识。在信息化时代，知识的"半衰期"在缩短，知识更新的速度在加快，唯有不断学习才能赶上时代前进的步伐。本科毕业论文（设计）的价值就体现在不断创新的基础上，在写作过程中，教师要引导学生及时收集、整理与合理使用最新的成果材料，不断追求卓越，不断提升自我，养成终生学习的优良品质。（3）培养学生善于沟通的合作精神。本科毕业论文（设计）是开放的，需要合作完成，多方听取意见建议，这是一个合作的时代，要通过本科毕业论文（设计）写作的指导，培养学生的合作意识，学生学会交流，学会与人相处，学会分工合作，发挥团队的作用和力量。这对于学生终生发展至关重要，是学生在本科阶段就应该养成的基本品质和能力。

（三）基于方法指导的综合品质培养

关于方法的知识是最重要的知识。本科毕业论文（设计）的最终目的在于通过选题、文献研究、学术表达、答辩等环节，培养学生系统地掌握学术研究应具备的基本方法、基本能力，具备学术研究需要的综合品质，学生在走向社会、从事具体工作时能够将这些方法、能力、品质进行合理的"迁移"，从而不断提升自我能力与水平，胜任各项工作，达成自身的职业发展目标。因此，通过本科毕业论文（设计）对学生进行方法的指导，很有必要。在本科毕业论文（设计）的完成过程中，应重点培养学生的综合品质，这是方法指导环节中有关育人的重要内容。

1. 研究方法的指导

研究方法是学术研究的"敲门砖"，对于本科毕业论文（设计）而言，掌握一定的研究方法可以达到"事半功倍"的效果，同时，通过本科毕业论文（设计）研究方法的指导，可以培养学生掌握学术研究的基本方法，为今后从事类似研究奠定坚实的基础。通过研究方法的指导，要引导学生真题真做，切实提高学生的动手能力和知识应用能力。本科毕业论文（设计）研究方法的指导主要包括以下三个方面：（1）调查研究的方法。本科毕业论文（设计）是一个开放的研究范式，学生选题来自生产实践，研究过程也具有开放性，因此，调查研究是重要环节，掌握调查研究的方法具有基础性意义。教师要培养学生掌握基本的调查研究的方法，包括问卷设计、材料的收集整理分析、软件的使用、数据分析的方法，等等。调查研究方法因学科专业而有所不同，教师要根据学科专业特点和选题研究的需要进行指导。(2) 文献研究的方法。随着科技的发展和学术研究的繁荣，对于每一个选题而言，文献资料都浩如烟海，要想穷尽所有的文献资料，几乎是不可能的。因此，对文献研究方法进行指导的重点不仅在于帮助学生尽可能地全面系统收集资料，而且要注重分析文献资料的"轻重缓急"，使学生知道从哪里找资料，怎么找资料，如何选择资料，哪些资料是重要的、必不可少的，哪些资料是可有可无的，等等，以便在研究过程中对文献进行科学分析和合理采用。(3) 创新思维的方法。创新是学术研究的灵魂，也是本科毕业论文（设计）的价值体现，创新不是"标新立异"，而是在前人研究的基础上和遵循研究规律的前提下，得出的有创造性结论的过程，对于应用型本科毕业论文（设计）而言，创新就是能够为产业带来新的效益的过程。指导教师要重点对学生进行创新性思维的指导，提高学生创新思维的能力，做到敢于创新、善于创新。

2. 综合品质的培养

本科毕业论文（设计）是本科高校人才培养计划的重要组成部分，是历时最长也是最关键的集综合性、实践性与创新性于一体的教学环节，学生能初步掌握、综合运用在校期间所学专业知识和基本技能分析问题和解决问题的方法、科学研究的基本程序，培养学生的科研能力，这对于培养富有实践能力和创新精神的人才具有重要意义和深远影响。可见，培养学生的综合素质，是本科毕业论文（设计）重要的育人功能之一。通过研究方法的指导，教师要培养学生从事科学研究所必需的各种素质，主要包括以下三个方面：(1) 严谨的思维品质。科学研究是探索真理的过程，来不得半点马虎，研究的过程必须具备严谨的思维逻辑，遵循逻辑推理的基本方法，确保研究结论的科学性。(2) 求实的学术风格。教师通过指导研究方法，培养学生养成脚踏实地、实事求是的学风以及良好的做事习惯，杜绝浮躁、浮夸、投机取巧。(3) 创新的学术追求。坚持创新引领，培养创新意识，增强创新动力，坚持以创新性成果服务经济社会发展，在选题、研究过程等方面杜绝低水平重复，为后续研究和工作指明方向。

三、答辩环节的育人评价

本科毕业论文（设计）答辩是以一种全面审核的方式对本科毕业论文（设

计）做出总结、评价的重要环节，在这个过程中，教师围绕本科毕业论文（设计）主要内容对学生进行提问，学生做相应的回答。通过答辩可以充分展示学生的研究成果、逻辑思维能力和创新思维能力。

答辩环节考察的重点是本科毕业论文（设计）的质量水平以及学生的学术创新水平，具体包括以下五个方面：（1）考察本科毕业论文（设计）是否达到学校规定的标准、规范和要求，是否存在遗漏环节或完成不到位的情况，如果发现问题应及时指出，以便学生进一步修改和完善；（2）考察学生在完成本科毕业论文（设计）的整个研究过程中采用的研究方法，并根据研究的内容，判断研究方法是否科学合理，是否有更好的方法可以利用，所采用的研究方法是否有效，等等；（3）考察本科毕业论文（设计）的逻辑构建及结构布局，看整个研究的框架是否适当，逻辑推理是否科学，逻辑建构是否完善，是否存在研究内容上的缺失或内容偏颇，是否存在文不对题的情况和需要增补删减的情况，等等；（4）考察本科毕业论文（设计）的创新价值，重点考察研究的创新点以及创新的理论意义或应用价值，研究创新的推导过程是否有说服力，论证是否有力，论据是否充足，等等，这既是整个研究的重点，也是需要在研究过程中加以凸显的地方；（5）考察本科毕业论文（设计）研究过程的合理性，包括文献引用是否充分，论证过程是否具有严密的逻辑性，研究结论是否具有可转化性，研究成果能否为生产实践带来实实在在的效益，等等。

在考察本科毕业论文（设计）以上具体情况的同时，作为育人的重要组成部分，通过本科毕业论文（设计）答辩环节，应重点培养学生学术交流、学术创新以及学术成果转化等方面的素质和能力。（1）通过培养学生学术交流的意识和能力，进而培养学生人际沟通意识和能力。本科毕业论文（设计）答辩是一个育人渠道，通过答辩环节，所侧重的不仅是本科毕业论文（设计）的质量本身，更重要的是通过答辩，培养学生的信息沟通能力、学术交流能力和人际交往能力，使学生在走向社会后，面对各项工作时善于沟通协调、交流合作、处理复杂的问题或矛盾。（2）培养学生学术创新的意识和能力。在答辩过程中，面对答辩专家提出的问题，学生应深入反思在本科毕业论文（设计）研究中的一些问题与不足，特别是在创新思维、创新推理方面的问题，使学生在问题中受到启发，培养学生的创新意识、创新思维和创新能力，发挥创新精神，使之贯穿于学术研究过程之中。（3）培养学生求真务实、理论联系实际的意识和能力。应用型本科毕业论文（设计）的特点和宗旨就在于服务生产实践，通过答辩环节，答辩专家应在成果转化方面进行质疑、点拨和开导，增强学生的成果转化意识，并以此反观整个研究过程，提升理论联系实际和服务生产实践的意识和能力。

在答辩的组织管理方面，围绕以上专业素养和综合素质培养，答辩环节应注重加强组织管理。根据答辩的需要，应成立本科毕业论文（设计）答辩委员会以及各个专业答辩小组，由各小组牵头负责各专业的本科毕业论文（设计）答辩工作。应用型本科毕业论文（设计）答辩小组成员由3~5人组成，答辩小组成员应该包括校企双方指导老师和企业技术人员，至少1人具备高级专业技术职称。答辩小组要根据实际情况设计答辩方案，明确答辩的具体组织情况及相关要求，并要事先向学生公布。答辩过程中要充分保障学生的学术权利，答辩过程要做到民主、科学、合理。面对各个专业中不同形式的本科毕业论文（设计）选题和文本，要根据具体特点正确对待，不能产生歧视或区别对待的心理，要鼓励学生从事各种类型的研究与设计，如实验项目、技术开发、产品研制、专利、方案设计、管理模式、企业生产、创新创业项目成果、竞赛获奖，等等。每位同学都要提前提交答辩材料，并详细阐述本科毕业论文（设计）的成果或者产品，包括基于什么背景进行研究，运用了哪些专业知识，研究的过程是怎样的，采取了什么研究方法，查阅了哪些文献资料，解决了什么问题，具体有哪些创新，成果转化的前景如何，等等。在学生陈述完毕后，答辩小组成员要根据本科毕业论文（设计）情况，提出相关问题和修改意见。学生要做好记录，以便进一步修改完善。因此，答辩小组成员要事先熟悉学生的本科毕业论文（设计）具体内容，确保答辩过程中提出的问题具有针对性、启发性和建设性。在答辩过程中、答辩完成后，答辩委员会要对各小组答辩的具体情况进行督促、检查和总结，检查的内容包括答辩小组组织的情况，学生答辩材料是否齐全，答辩程序是否规范，成绩评定是否科学等。最终要形成本科毕业论文（设计）答辩情况分析报告，并将分析报告的有关内容反馈到各专业指导教师和学生，以便进一步整改，以此提高本科毕业论文（设计）的质量水平。

第二节　管理评价

本科毕业论文（设计）是学术研究的过程，是一项系统性的工作，对于本科学生而言，它更是一项开创性的工作。同时，作为一门课程，本科毕业论文（设计）质量的高低不仅是对学生专业水准和各种能力的综合检验，也是衡量各个教学环节的质量乃至高校总体教学水平和科研能力的重要标志之一,它关系到本科教学质量的优劣和人才培养目标是否实现。因此,加强和改进过程管理,对于本科毕业论文(设计)具有十分重要的意义。一方面,过程管理既是本科毕业论文(设计)质量保障的关键,也是提高本科教育质量的关键;另一方面,过程管理又是本科毕业论文(设计)实现育人功能更的重要保障,对于育人具有十分重要的意义。应用型本科毕业论文(设计)的育人功能如何实现、在多大程度上实现,有待于本科毕业论文(设计)过程管理的保障。从管理评价的视角,可以比较全面认识本科毕业论文(设计)育人功能实现的情况,有助于本科毕业论文(设计)育人功能的持续改进和全面实现。本节主要从学校宏观层面、专业教学层面、指导教师层面三个方面分析本科毕业论文(设计)的育人管理评价。

一、学校层面的管理

学校层面的管理具有全局性、战略性和稳定性,是从人才培养类型、人才培养目标的高度进行的宏观管理,是方向指引、目标指引和任务驱动,是各专业进行管理的依据和参考。对于本科毕业论文(设计)来说,学校层面的管理更具引领性,是各教学单位、各专业对本科毕业论文(设计)进行管理、细化管理制度的重要参照。个别学校的本科毕业论文(设计)管理比较混乱,本科毕业论文(设计)质量下降、育人功能缺失,主要是学校层面管理缺失,以致其教学单位标准不统一,导致本科毕业论文(设计)课程思政功能难以有效发挥,育人目标难以达到。因此,学校层面的管理在本科毕业论文(设计)实施过程中具有全局性指导意义。学校层面对本科毕业论文(设计)进行管理,体现在以下几个方面。

(一)制度安排

随着经济社会发展,高校改革发展的步伐在加快,高校治理体系和治理能力现代化水平越来越高,管理制度越来越完善,教学管理越来越规范化。本科毕业论文(设计)作为教学的重要环节,教育主管部门对本科毕业论文(设计)越来越重视、监管越来越严格,高校有关本科毕业论文(设计)的管理也越来越系统化、严格化、规范化,相关部门出台了一系列有关本科毕业论文(设计)的制度性文件,对本科毕业论文(设计)各环节、各方面进行约束和管理,在促进本科毕业论文(设计)质量提升方面发挥了重要作用。

从相关制度来看,个别应用型高校对本科毕业论文(设计)本身的管理,注重对本科毕业论文（设计）的"量化"约束，相对忽略课程思政功能，忽略人文精神的培养。具体体现在：(1) 刚性规定越来越完善。对本科毕业论文（设计）作为一门实践性课程的教学安排作出刚性规定，对教学目标任务、各环节的相关要求进行规范，对师资、经费、组织等进行"量化"规定，对完成时间及阶段性要求进行明确。总体上看，有关本科毕业论文（设计）的管理规定越来越具体化、明确化、任务化，形成了一整套有关本科毕业论文（设计）的制度性规定，对本科毕业论文（设计）的运行进行约束，以目标定向、任务驱动的形式开展本科毕业论文（设计）的各项工作，在本科毕业论文（设计）的实施方面起到了有效的推动作用，促进了本科毕业论文（设计）质量的明显提升。(2) 育人功能发挥有限。在有效推进本科毕业论文（设计）实施的同时，有关的管理文件相对忽略了本科毕业论文（设计）课程思政功能，本科毕业论文（设计）本应具有的育人功能难以有效发挥。应通过本科毕业论文（设计）载体，培养学生端正的学术态度、求实的学术品质、创新的学术追求，要引领学生积极向上，守正创新，学会合作，学会交流，学会与人相处，在正确的道路上成才成长成人，做符合新时代要求的时代新人。(3) 质量监控制度不健全。建立健全质量监控制度，是本科毕业论文（设计）管理的基础，包括本科毕业论文（设计）的总体要求、格式规范、资料的归档、不同本科毕业论文（设计）形式的管理、评分标准、审查制度和奖励机制，等等，从制度上保证本科毕业论文（设计）的规范和质量。(4) 教学评价体系不完善。相对于质量与指标而言，个别高校普遍缺乏对本科毕业论文（设计）的管理进行评价的环节，或者说评价内容不完善。由于评价和激励机制的薄弱，教师和学生对待本科毕业论文（设计）的积极性不高。

针对以上问题，高校应加强本科毕业论文（设计）的制度建设，保障本科毕业论文（设计）常态化、规范化开展，并充分调动教师和学生的积极性，在培养学生学术研究能力的同时，着重培养学生的思想品质和综合素质。制度建设主要应围绕以下几个方面展开。(1) 建立健全质量监控体系。应用型本科毕业论文（设计）尤其需要建立健全质量监控制度，对本科毕业论文（设计）的目的、组织管理、指导教师要求、写作环节和写作规范等做出详细的规定，完善本科毕业论文（设计）质量监控的顶层设计。学校应针对本科毕业论文（设计）的教学目标和育人功能，构建完善的教学质量监控机制，建立健全师生全员参与、全程监控、常态化、信息化的监控体系，构建学校教学管理部门、教学单位的教学管理部门、校院两级教学督导、指导教师、学生"五位一体"的监控格局，强化对本科毕业论文（设计）各环节的监控，在落实质量标准的同时强化对本科毕业论文（设计）教学的全程、全方位监控，重视对监控结果进行分析，加强信息反馈与调控。强调连贯性，完善信息反馈机制，对每个环节的实施情况及时做出整改与调控，确保本科毕业论文（设计）沿着正确的道路顺利推进。(2)建立健全质量评价体系。对评价指标比如选题质量、总体要求和论文水平进行定性定量的规定，对一级指标进一步分解为若干观测点，就选题方面而言，可以从三个观测点进行监控（并给出每个观测点合理的评价分值）：选题与人才培养定位符合度，题目难度与工作量，选题先进性、科学性、应用性；评价标准为选题与专业培养目标和学校办学定位的符合程度；工作量是否适合本科生能力水平；符合先进性、科学性、应用性要求。就总体要求方面而言，可以分为以下维度：论文格式要求、论文框架结构、论文主要内容、论文表述、论文规范性，等等，每个方面赋予一定的合理分值，以便对整篇论文进行打分评价。就论文水平而言，可以分为以下几个方面进行评价：研究方法和手段，方案选择、设计能力，内容，结果，等等。评价标准为研究手段多样；有创新，研究方法可行；研究方案能较好地体现专业培养目标；内容详实，分析、论证正确；研究课题角度新颖；较好地解决了生产实践中存在的实际，提出的对策建议可行；有一定实用价值；等等。总之，构建评价和监控指标体系要兼顾时间、经济等各种因素，遵循简单、易操作的原则，以便能够及时高效地发现本科毕业论文（设计）工作中出现的问题，并及时加以整改，充分发挥评价的激励、管理、导向、诊断的作用和功能，提高本科毕业论文（设计）质量水平，促进学生各种素质的培养和能力提升，引导和激励学生成才成长成人。

（二）标准设计

除了完善制度体系，本科毕业论文（设计）需要制定和完善与一整套质量标准，只有建立了科学合理的质量标准体系，本科毕业论文（设计）的质量监控和管理才能有章可循，从而保障本科毕业论文（设计）的质量达到既定要求。质量标准是教学管理工作的顶层设计，它规定人才培养达到的目标以及实施的途径，是组织本科毕业论文（设计）和进行本科毕业论文（设计）质量管理的基本依据，也是进行本科毕业论文（设计）质量评估和监控的主要依据。为更好地监控本科毕业论文（设计）的教学过程，学校层面应制定和完善统一的质量标准体系，对本科毕业论文（设计）各个环节提出明确的质量要求。本科毕业论文（设计）质量标准体系可以从目标和过程两个维度来确定，从目标维度看，主要是专业标准；从过程维度看，包括本科毕业论文（设计）选题标准、指导标准、答辩标准，等等。

部分高校制定了本科毕业论文（设计）的质量标准，在质量监控上做到了有章可循，对促进本科毕业论文（设计）质量提升起到了较好的保障作用。但从质量标准的制定和执行情况来看，还存在一些不足和缺陷，影响了本科毕业论文（设计）本身的优化和育人功能的实现，主要表现在：（1）质量标准过于笼统，不能体现不同学科专业之间的差异性和多样化。学科专业的质量标准应结合学科专业的特点，按照人才培养方案的情况进行设计，标准要具有合理性、规范性和可操作性，符合学科专业的育人规律和实际情况，从而使本科毕业论文（设计）真正体现出高质量、多样化，体现不同学科专业的特点。（2）质量标准过于泛化，不能体现应用导向。应用型本科毕业论文（设计）与学术型本科毕业论文（设计）在质量标准上应单独设计，二者具有较大的区别和目标要求，不能混为一谈。应用型本科毕业论文（设计）质量标准的设计要充分体现应用型人才的培养目标和要求，突出学生创新能力和实践应用能力培养方面的质量指标，体现本科毕业论文（设计）的应用性、实践性、社会性和灵活性，切忌引用或照搬学术型本科毕业论文（设计）的质量标准。（3）质量标准过于"量化"，忽略本科毕业论文（设计）课程思政育人功能。虽然一些应用型高校在本科毕业论文（设计）质量标准上注重"量化"指标的设计，在本科毕业论文（设计）各环节上给出了较高的质量标准，但是对本科毕业论文（设计）课程思政育人方面的指标设计较少，甚至有所忽略，这与应用型人才培养的宗旨和目标相背离，不利于合格人才的培养。

鉴于以上的情况，从学校层面上讲，应用型本科毕业论文（设计）需要继续完善质量标准体系，优化质量标准的指标设计，重点体现应用型的特色和课程思政育人功能，服务应用型人才培养。（1）体现学科特点，合理设计指标。总体上按照"大文""大理"的类别进行设计，形成科学、规范、合理的本科毕业论文（设计）质量标准体系，每个学校可根据自身专业设置情况结合人才培养目标情况制定本科毕业论文（设计）质量标准，可参考"四新"建设的基本要求进行完善，分别从组织管理、导师遴选、选题要求、开题报告、教师指导、文献查阅及分析、写作要求、学术成果相似性检测、成果应用、论文评阅、论文答辩、成绩评定、工作总结、材料存档等方面制定完善的质量标准体系。使本科毕业论文（设计）的每一个环节都能找到可参考的指标，以便本科毕业论文（设计）的实施有章可循，使学生和老师都能够明确什么时候该干什么事、干到什么程度，做到心中有数，操作性强，以便顺利推进本科毕业论文（设计）的各项工作。（2）体现应用特点，科学设计模板。应用型本科毕业论文（设计）的选题要紧密围绕专业培养目标，对接生产实践和产业需求，提倡解决经济建设发展中的实际问题，注重体现专业特色和现代科学技术最新发展。分别从组织管理、选题方向、能力素质培养等方面设计质量标准，对材料要求、选题方向与要求、调研论证、综合运用专业知识能力、创新意识与创新能力、方法与手段、研究内容、写作水平、格式规范等方面作出具体规定。要科学设计本科毕业论文（设计）的相关材料，包括：本科毕业论文（设计）任务书、开题报告、调研报告、文献综述、本科毕业论文（设计）文本（包括相关附件，如计算说明书、图纸等）、评分表、答辩记录表、优秀本科毕业论文（设计）推荐表，等等。形成一系列规范的本科毕业论文（设计）用表，便于教师指导和学生使用，便于本科毕业论文（设计）高效开展。(3) 围绕课程思政，精心设计育人。应用型本科毕业论文（设计）与学术型本科毕业论文（设计）的不同不仅在于学术要求上，也体现在课程思政育人方面。应用型本科毕业论文（设计）面向社会、面向学生的终身发展，重在培养学生基于"应用"的基本素养，这些基本素养包括坚定的政治立场、高尚的人文情怀、善于沟通的人际交往素养、待人接物的品质、为人处世的素质、吃苦耐劳的品质、立足社会的品性以及开拓创新不断提升自我的品质，等等。应用型本科毕业论文（设计）在设计质量标准的时候应将以上课程思政育人内涵充分融入和体现，深入推进本科毕业论文（设计）课程思政育人。

二、专业层面的管理

专业层面主要指教学单位层面，教学单位是人才培养的具体实施者，是专业人才培养方案的设计者，也是教学行为的具体组织者。对于本科毕业论文（设计）而言，教学单位承上启下，上承学校层面的管理和要求，下接教师、学生的安排与组织，是本科毕业论文（设计）的具体管理、组织、实施者。同时，由于学科专业具有各自的特点与规律，不同的学科专业，其人才培养目标、任务、路径有所不同，遵循着自身的逻辑，具有自身的特色，因此，专业层面的教学管理十分重要，对于本科毕业论文（设计）而言，专业层面的管理也具有更加突出的意义和价值，是本科毕业论文（设计）得以顺利实施的关键。专业层面的管理主要包括以下途径：

（一）组织协调

本科毕业论文（设计）的实施是一项系统工程，涉及的面广、质量要求高、教学周期长，对于本科学生而言，存在难度大、经验少、完成难的实际情况。因此，一方面，从提高专业人才培养质量的角度上讲，需要教学单位充分组织和协调，确保通过本科毕业论文（设计）环节推动人才培养质量不断提高；另一方面，从学生发展的角度上讲，需要教学单位帮助学生开展研究，在本科毕业论文（设计）的每一环节上充分协调组织，为学生提供一对一的指导服务，培养学生从事学术研究所需要的各种素质和能力，培养实践能力和创新能力，同时培养学生综合人文素养。总之，教学单位层面的组织协调对于本科毕业论文（设计）的顺利完成十分重要，对于提供教育教学质量起着决定性作用。

教学单位对本科毕业论文（设计）的组织协调主要包括以下几个方面的内容：（1）各教学单位要发挥自身积极性，根据本专业的特点和实际情况，自主选择适合专业特点的本科毕业论文（设计）形式，按照学校统一标准要求，建立健全各学院科学合理的本科毕业论文（设计）管理制度。教学单位应根据学校层面的管理规定，制定本科毕业论文（设计）各环节的实施细则，针对学科专业特点将学校层面的制度性规定进一步细化、具体化，对不同的本科毕业论文（设计）内容、格式、规范做出具体要求，制定或修订本专业的《本科毕业论文（设计）大纲》，使之更具有可操作性和实用性，使校院两级的管理制度各司其职、相互配合、互相促进，便于开展本科毕业论文（设计）的组织与协调。（2）成立本院系本科毕业论文（设计）领导小组，统一负责本科毕业论文（设计）的领导、组织、协调、质量监控、评价、激励等工作，每年度根据人才培养情况制定切实可行的制定本科毕业论文（设计）工作计划、本科毕业论文（设计）实施方案，各专业要根据实际情况制定科学规范的本科毕业设计（论文）评分标准、评分要求和答辩程序，以便统一组织与协调全院系本科毕业论文（设计）工作的开展。要开展本科毕业论文（设计）的启动、中期检查、总结评估等工作，对于在中期检查中发现的问题及时进行整改，对于一些好的经验做法，继续发扬和延续使用，逐步形成越来越系统成熟的本科毕业论文（设计）管理办法，构建并严格实施科学、系统、规范、高效的本科毕业论文（设计）管理体系和反馈改进机制，不断提升本科毕业论文（设计）质量与育人水平。（3）遴选指导教师并对指导过程进行管理和监控。制定本科毕业论文（设计）指导教师管理办法，构建多元化的本科毕业论文（设计）指导教师队伍，从结构、素质、能力等方面持续优化，确保指导教师充分有效参与本科毕业论文（设计）指导工作。根据应用型的特点和选题的实际需要，鼓励与支持学院教师与企业相关人员参与联合指导。要适当吸引产业技术人员和管理人员参与本科毕业论文（设计）的指导，按照相关程序聘请的校外人员应具备相

应用型本科毕业论文（设计）的育人功能

关学科专业背景，一般要具有副高级以上职称或硕士以上学位或行业内实践经验丰富的专业人员，校内具有本科毕业论文（设计）指导资格的教师应该为学术水平高、教学能力强的中级以上职称或硕士以上学位人员。为保证本科毕业论文（设计）指导的质量，每位指导教师指导的学生数要适当。教学单位要对指导教师的工作进行全程管理和监控，促进指导教师履行相应的职责，如确定选题，指导研究与设计方法，检查学生的撰写进程，撰写论文（设计）评语，等等。

从教学单位组织协调及对本科毕业论文（设计）进行精细化管理的过程来看，教学单位能够较好发挥自身作用，对本科毕业论文（设计）的正常运行以及质量提升具有重要推进，在落实学校层面的人才培养目标、任务等方面，也具有不可替代的作用。但也存在一些问题和不足，主要是：（1）本科毕业论文（设计）工作的引领性不强，工作安排比较滞后，往往与学生毕业季的就业、考研、考公等事项发生冲突，以本科毕业论文（设计）为主线统筹全院系工作的意识不强、动力不足、效果不佳，本科毕业论文（设计）工作成为一种应付，缺乏实效性和凝聚力，在提升学生实践能力、创新能力和学术研究能力方面存在潜力不足，本科毕业论文（设计）应有的教学功能未得到有效发挥。（2）本科毕业论文（设计）课程思政功能发挥不充分、不到位。本科毕业论文（设计）不仅是能力培养的问题，更是人文素养培养的问题。由于本科毕业论文（设计）一般被安排在本科阶段的最后一个学期，是专业课程结束后的最后一门课程，加之学生面临毕业，就业或深造的压力较大，因此，教学单位对本科毕业论文（设计）组织管理往往是"任务型"的和指标"量化式"的，往往注重外在的目标、任务和模式，却忽略了人的培养，忽略了本科毕业论文（设计）作为学校与社会之间的纽带作用，忽略了学生就业后走向工作岗位所应具有的各种综合素质和能力的培养。

因此，教学单位层面应在本科毕业论文（设计）的管理方面进行改革，确保本科毕业论文（设计）在对学生进行能力培养的同时体现育人成效：（1）前瞻性安排本科毕业论文（设计）工作，使本科毕业论文（设计）成为核心和主线，引领学生毕业季的各项工作。针对目前本科毕业论文（设计）时间不足、学生面临毕业时间紧张等问题，在不影响专业整体培养计划和正常教学秩序的前提下，可以适当延长本科毕业论文（设计）时间，提前布局，超前安排，这样既可以使学生能够充分利用时间查找相关资料文献、开展社会调研、咨询有关专家，也可以使学生有足够的时间熟悉实验过程或设计任务，可以很好地解决本科毕业论文（设计）与考研、找工作等事项在时间上的冲突，化解就业与毕业环节的矛盾，确保本科毕业论文（设计）的质量水平。同时，充足的时间可以促进学生对课题的深刻理解，可以提高学生的科研能力和创新能力，避免仓促应对，也可以减少本科毕业论文（设计）抄袭现象的发生。(2) 遵循育人规律，落实课程思政功能。教学单位要充分树立本科毕业论文（设计）的育人意识，全面落实立德树人根本任务，通过对本科毕业论文（设计）各环节的组织协调与安排，体现全过程育人、各环节育人、全方位育人，以本科毕业论文（设计）为载体，通过本科毕业论文（设计）各环节任务的完成，培养学生高尚的思想境界、优良的学术品质、丰厚的人文精神以及学会做人、学会做事、学会与人相处，培养学生立足社会所需要的各种综合素质，逐步引领学生从"学校人"向"社会人"过渡，促进学生成才成长成人。

（二）评价激励

在对本科毕业论文（设计）的管理上，教学单位层面往往注重对学校下达任务的落实，注重按照学校文件要求开展本科毕业论文（设计）各项工作，对本科毕业论文（设计）的管理缺乏"自主性"，特别是在评价、激励等方面不到位，导致教师和学生对本科毕业论文（设计）工作的重视程度不够、积极性难以发挥。具体表现在：(1) 缺乏严格的论文管理和评审机制。教学单位层面虽然制定了包括选题、指导、查重、答辩、成绩评定等一系列本科毕业论文（设计）的管理制度，但落实不力，执行不严，一些学生和指导教师对本科毕业论文（设计）质量基本抱着无所谓态度，学生的目标定位普遍是过关、顺利毕业，指导教师的定位是工作量考核。这一思想支配下，论文质量难以保证。同时，论文的评审主要依靠指导老师的主观评定，随意性较大，本科毕业论文（设计）的答辩多流于形式，缺乏严格的程序和要求，提出的问题轻描淡写、避重就轻，学生对提出问题的回答也是千差万别，回答的好与坏往往也不影响答辩成绩，答辩老师对答辩成绩往往也是定性描述较多，缺乏严谨、客观、全面的评价方法和过程，导致本科毕业论文（设计）质量水平难以提高，在后续的检查中问题较多，为了应付上级部门的专项检查或评估，不得不进行整改和材料替换，浪费大量人力物力。(2) 缺乏科学的论文监管和激励机制。教学单位对本科毕业论文（设计）的管理往往是"工程式"的，把任务布置下去，安排好指导教师，剩下的就是组织答辩，对中间环节和过程缺乏科学合理的监管办法和措施，采取"放任式"的管理模式，激励机制缺乏，学生自身和指导教师的积极性均不高。学生完成本科毕业论文（设计）后，即面临就业或攻读研究生，无论做得好坏也不能参评下一学期或学年的奖学金，而且就业或攻读研究生后，本科毕业论文（设计）也没有用了。因此，学生认真做研究、参评"优秀毕业论文（设计）"的热情很低，不愿意花时间去争优。由于学生应付了事的心态，导致不少本科毕业论文（设计）较低；对于指导教师来说，即使带出了"优秀毕业论文（设计）"，也没有获得任何额外奖励，因此，指导教师也无心栽培优秀本科毕业论文（设计）。

因此，鉴于以上评价激励机制存在的不足，一方面，教学单位应建立健全完整的本科毕业论文（设计）管理模式，把本科毕业论文（设计）各环节的教学目标与人才培养目标协调起来，从论文选题、实验或设计过程监控、结果评价等方面制定全面的质量管理标准，规范本科毕业论文（设计）的流程，加强过程管理与评价，加强对学生的监督和督促，实行定期检查制度，充分调动教师和学生参与本科毕业论文（设计）的积极性，切实提高质量水平，把本科毕业论文（设计）各环节的目标任务和要求落到实处。另一方面，教学单位要做好本科毕业论文（设计）的引导和激励工作，通过完善评价、考核与激励，建立以学生自由探索为主、教师指导为辅的本科毕业论文（设计）工作模式，教师注重全过程监控与监督，在重点、关键环节或学生困难的时候给予指导，注重培养学生的创新意识和探索精神。不仅使学生认识到本科毕业论文（设计）对自身专业能力和综合素养提升的重要性，而且要充分调动指导教师参与指导的积极性、主动性和自觉性，认真指导学生根据本科毕业论文（设计）研究内容和重点，认真做好调研、实验或设计，真题真做，用真实有效的实验数据或合理的设计，丰富本科毕业论文（设计）的内容，提高研究内容的创新性和应用性，提升本科毕业论文（设计）的质量。

三、教师层面的管理

教师层面的管理是指指导教师对本科毕业论文（设计）的管理。本科毕业论文（设计）指导工作是一门课程任务，属于实践教学范畴，教学单位给予了一定的工作量，学校根据教学单位给定的工作量核算劳动报酬。指导教师接收本科毕业论文（设计）指导的工作任务以后，应该认真准备，保质保量完成，在按照学校和教学单位制定的标准和要求完成教学工作任务并保障本科毕业论文（设计）的质量水平的同时，应加强对学生的思想政治教育，发挥本科毕业论文（设计）课程思政功能，以本科毕业论文（设计）为载体，实现指导育人，培养学生的创新精神、学术品质和综合思想品质，实现本科毕业论文（设计）的育人效果，服务立德树人根本任务，落实应用型人才培养目标。指导教师层面对本科毕业论文（设计）的管理，主要包括以下两个方面的任务。

（一）质量管理

从管理的角度上讲，指导教师是本科毕业论文（设计）的第一责任人，落实质量管理、确保本科毕业论文（设计）质量水平是指导教师的重要任务。质量管理主要体现在选题、开题、文献研究、调研、写作、答辩等方面，各环节的质量标准及要求如下：

1. 选题质量管理

从质量标准及教学要求的角度上看，本科毕业论文（设计）选题要符合专业培养目标，体现专业内涵，具有一定理论意义和应用价值，具有创新性，避免低水平重复，题目大小适度、难易适中，同时，应用型本科毕业论文（设计）特别强调选题来自生产实践的一线，能够解决生产实践中的实际问题。选题应该是学生经过多方考察、经过了文献检索和市场调研后得出的选择，选题应该具有一定深度，适应经济社会发展的需要，经过一番研究，能够为产业带来一定的经济效益，等等。指导教师应该按以上标准和要求对学生的选题进行指导，避免学生选题不符合专业要求、不符合实际、不符合社会需求，导致"失之毫厘谬以千里"的错误发生。因为选题不适当，会影响本科毕业论文（设计）后续的各项工作，因此选题必须慎重，教师应该严格把关，不能随便指定或者让学生随便选择一个题目进行研究，确保本科毕业论文（设计）导向正确。

2. 开题质量管理

选题确定之后，本科毕业论文（设计）需要进行开题报告。开题报告主要是对本科毕业论文（设计）的研究目标、研究任务、研究内容、研究重点、研究方法、研究路径等方面进行展示，使研究的思路更加明确，研究的过程更加清晰，研究的方式更具有可操作性，以便于学生沿着正确的方向推进研究工作，取得预期的成效。教师应指导学生按照开题报告的要求撰写完整的开题报告，在撰写的过程中需要全面分析开题报告每一个环节的内容，确定研究的具体内容与方法、明确从哪些方面着手研究，采取什么措施，遵循什么样的思路，预期达到什么样的成效，等等。教师在指导的过程中，需要引领学生查阅有关资料，开展市场调研，让学生做到心中有数，结合自身能力开展研究，对研究过程中可能出现的问题进行分析，对研究的创新点进行研判，确保研究如期实施和顺利推进。对于开题报告中一些不合理的因素和成分，指导教师应指导学生予以克服，使学生从中受到启发，进一步充分理清思路，较好地完成本科毕业论文（设计）的研究工作。

3. 文献研究质量管理

文献研究是本科毕业论文（设计）的"必修课"，也是一个十分重要的环节。文献研究达到的目标是使学生掌握同类研究的研究现状，明确前人研究的优势、问题及不足，明确自身研究的方向、目标与重点。同时，文献研究也是借鉴前人研究成果的过程，要科学合理地吸收合理的研究成果，为自身的研究提供理论支撑或推理依据，形成具有严密性的逻辑推导过程。教师要知道学生查阅文献资料（包括纸质和电子）、产业发展数据、统计数据，等等，通过多种途径、尽可能全面地掌握本科毕业论文（设计）研究所需要的资料，并善于将文献资料进行分析，形成数据链、文献链、成果链，根据对文献的分析，合理安排与设计研究的内容与重点，明确创新的方向与路径，为本科毕业论文（设计）的研究奠定坚实的基础。对文献研究的指导，体现了学术研究的特点、规律和要求，教师应首先做一番文献梳理的功夫，指导学生沿着正确的方向进行文献研究，避免走弯路、错路，或者"事倍功半"，劳无所获。要提高文献研究的质量水平，围绕本研究领域的最新成果、最权威成果、最科学成果进行研究，将学术研究逐渐推向新的高度。

4. 调研质量管理

如果说文献研究属于理论研究的范畴，那么调查研究则属于实证研究。调查研究是应用型本科毕业论文（设计）的重要环节，是了解社会需求、明确研究问题的关键环节，在本科毕业论文（设计）占据重要地位。本科学生一般很少涉及调查研究，因此对调查研究的方法步骤以及注意事项比较陌生，难免会产生不知所措、无从下手的困顿，因此，指导教师要给予精心地指导，帮助学生掌握调查研究的要领，不仅服务于本科毕业论文（设计）本身研究的需要，也为学生后续研究培养能力。教师要指导学生科学设计调查问卷（或访谈问卷），针对选题研究的目标任务，设计能够获得研究所需要数据的问卷文本，以便进行开放式问卷调查；教师要指导学生调研过程的实施，指导学生具体操作，确保调研的顺利实施；教师要指导学生撰写调研报告，将调研获取的第一手资料通过报告的形式准确完整地展示出来，服务于本科毕业论文（设计）研究的需要。

5. 写作质量管理

写作是本科毕业论文（设计）最重要的环节，是学术研究成果表达的过程。对于本科学生而言，由于缺乏学术研究的经历，学术表达缺乏经验，写作环节自然存在一定的困难，缺乏一定的章法。为此，教师要指导学生完成写作任务，将本科毕业论文（设计）的研究成果准确、客观、恰当地表达出来。首先，教师要给予学生写作方法的指导，培养学生学术表达的基本功和技巧，教师的指导应结合学科专业特点，体现本科毕业论文（设计）的针对性，对学生的写作具有实质性帮助；其次，教师的指导要体现引领性，切实让学生受到启发，促进学生逻辑思维能力的提高和创新意识的增强，培育学生严谨的表达习惯，形成较高的学术表达能力；再次，教师的指导要具有发展性，不能只拘泥于本科毕业论文（设计）本身，而应合理拓展，培养学生综合素质和能力，以便学生在遇到类似问题时能够迎刃而解；最后，教师的指导应体现教育性原则，教师应以诲人不倦的精神启发和引领学生，培养学生高尚的人格力量和良好的精神风貌，培养学生良好的人文素养和勤于学习、善于研究的优良学风。

6. 答辩质量管理

答辩是本科毕业论文（设计）最后一个环节，答辩一般由3~5组成答辩小组，针对本科毕业论文（设计）的内容提出一些问题，供学生思考和回答。答辩的目的是发现本科毕业论文（设计）中存在的问题和不足，启发和拓展学生的思路，引领学生对本科毕业论文（设计）再次进行修改和完善，以提高质量水平。答辩可针对选题、研究内容、研究方法、研究创新进行提问，也可针对成果转化进行质疑，等等。答辩可以是正向的，也可以是逆向的，形式也是灵活多样、丰富多彩。指导教师应事先模拟答辩的形式和要求对学生进行指导，以提高答辩质量和水平。答辩专家提出的问题要具有合理性、针对性和适当性，不能不疼不痒、无病呻吟，也不能太过苛刻、刁钻，超出学生的视野和能力。对答辩中学生的回答，教师要给予简要的评价，对于学生不能回答的问题，应适当点拨，等等，以培养和提高学生的学术交流能力和学术创新能力。

（二）思想引领

教师对本科毕业论文（设计）的管理，不仅体现在本科毕业论文（设计）的质量本身，而且应通过对本科毕业论文（设计）的管理，引领学生正确的思想，培养优良的品质，形成良好的习惯，具体表现在以下几个方面：

1. 创新思想引领

创新是学术研究的灵魂，也是本科毕业论文（设计）的价值所在，培养学生的创新意识、创新能力是本科毕业论文（设计）的宗旨所在。作为指导教师，应通过本科毕业论文（设计）各环节的指导，培养学生的创新思维和创新精神，在选题环节，要培养学生敢于质疑的学术精神和敢于挑战权威、坚持真理的探索精神，引领学生积极探索、求真务实、服务生产实践的需要，为经济社会发展献计献策;在研究过程中,特别是在文献研究和调查研究阶段,要培养学生理论联系实践的能力,引领学生善于通过现象看本质,综合运用专业知识解决现实中的问题,突破惯性思维,坚持守正创新,在前人研究成果基础上推陈出新、有所创新;在写作过程中,指导教师要引领学生科学思维、逻辑缜密、论证有力,培养学生脚踏实地的学风、善于交流不断提高的文风,培养学生独立开展研究的能力;在答辩环节,要通过问题导向,引领学生反思,产生"头脑风暴",通过发散思维等方式,对学术研究过程、方法进行深度思考,培养学生系统思考、逆向思维的意识和能力,不断提升学术研究所需要的综合能力。

2. 学术道德引领

学术道德与学术规则是学术研究的"红线",遵守学术道德、学术规则是学术研究的基本要求,本科毕业论文(设计)也需要遵守学术道德、学术规则。通过学术道德、学术规则的指导,要培养学生良好的学术道德和学术品质,遵守学术规则,杜绝抄袭、变相抄袭、学术造假,等等。这些不仅是本科毕业论文(设计)所需要杜绝的,也是学生在今后的研究过程中所应杜绝的。要培养引领学生正确的价值观念和追求真理的价值导向,要勤于思考,善于思考,善于将斯通见惯的现象设计为研究课题进行研究,善于在社会现实中发现问题、分析问题和解决问题,不断提升自身的研究意识和研究能力。从学术道德的遵守可以拓展到社会领域,通过本科毕业论文(设计)的指导,要使学生明白做人做事的道理,不断反思和省悟自身,要领悟如何在社会中明大德、守公德、严私德,坚定政治立场,明确自身发展方向,服务经济社会发展,做对社会有用的合格人才。

3. 思想品质引领

通过本科毕业论文(设计)培养学生良好的思想品质是本科毕业论文(设计)课程思政的重要任务,也是培养学生立足社会所具备的各种品质的需要,在学生的终身发展过程中具有重要意义。指导教师应注重对学生进行思想引领,培养学生良好的思想品质。(1)求真理的学术品质。追求真理、求真务实是学术研究的正道,是本科毕业论文(设计)必须坚持的正确方向。教师应首先培养学生务实的学术导向、良好的学术品质、创新的学术追求,培养学生自主探究的能力、自我发展的理念、主动服务产业发展的自觉,将学生培养成为合格的"应用型"人才。(2)悟道理的人文素养。教师要在本科毕业论文(设计)的指导过程中,培养学生良好的研究动机,端正研究态度,自觉主动进行创新性探索,通过完成本科毕业论文(设计),使自身的人文素养得到提升,学会生存，学会合作，学会学习，学会与人合作，学会交流，具备为人处世与待人接物的基本素养，能够使自身融入社会、立足社会、并使自身的思想和能力不断得到提升和发展。（3）明事理的思想境界。教师通过对本科毕业论文（设计）各环节的指导，要使学生明本科毕业论文（设计）的学术之理，懂得学术研究的价值追求与运行的内在机理，掌握研究方法。同时，通过本科毕业论文（设计）的完成过程，学生应明社会之理、人生之理，达到明事理的人生境界。以便在从学校走向社会，在工作岗位上达到明事理的思想境界。

第三节 效果评价

本科毕业论文（设计）是一个复杂的系统，对本科毕业论文（设计）的管理和评价最重要的就是要突出实践能力的培养，这既是保证本科毕业论文（设计）质量的有效途径，也是提高本科毕业论文（设计）质量的基础和根本保证。在突出实践能力培养的同时，作为一门重要的综合性课程，本科毕业论文（设计）具有重要的育人功能，因此，对本科毕业论文（设计）的管理和评价还应兼顾育人功能的发挥情况，以立德树人为主线，以综合素质培养为落脚点，客观评价本科毕业论文（设计）的育人成效，以便更好发挥本科毕业论文（设计）的育人功能，培养更多优秀的应用型人才。

一、树人效果评价

树人，主要指培养经济社会发展所需要的合格人才，就是要培养学生掌握专业知识，形成专业能力，能够适应和胜任专业岗位，具有与岗位工作相匹配的各项素质与能力。本科毕业论文（设计）首先是一个树人的过程，是培养学生实践能力、学术研究能力以及与专业相关的各项综合能力的过程。从本科毕业论文（设计）实施情况来看，树人的效果可谓喜忧参半，还有较大的空间需要挖掘，具体表现在以下几个方面：

（一）专业应用能力的效果

本科毕业论文（设计）是专业应用的结果，培养学生综合运用专业知识解决问题的能力，本科毕业论文（设计）的首要任务。从实施情况来看，在本科毕业论文（设计）的完成过程中，学生专业应用能力的培养变现在以下几个方面：

1. 发现问题

发现问题是本科毕业论文（设计）的起点，也就是选题的过程。大多数学生能够在导师的指导下进行比较准确的选题。通过对专业知识的系统梳理和重新思考，能够以专业知识为主线，在实践中发现问题，特别是产业技术需求方面的问题，并能够将发下的问题设计为选题。统计数据显示，应用型本科毕业论文（设计）选题来自生产一线的比例达到80%以上，选题具有一定的理论意义、应用价值，能够为产业带来实际的生产效益。

2. 分析问题

分析问题是利用专业知识对选题进行研究的过程，是贯穿本科毕业论文（设计）的主线。从实施情况来看，大部分学生能够在导师的指导下，充分利用专业知识对发现的问题进行多角度、多元化、全面系统的分析，研究方向明确，研究手段可行，研究思路开阔，研究重点突出，问题分析透彻，逻辑推理和论证有力，内容结构设计合理，能够利用专业知识由已知推导未知。本科毕业论文（设计）各环节的文本材料比较规范，达到基本要求。

3. 解决问题

解决问题是利用专业知识解决生产实践中的实际问题、为生产实践产生实际效益的过程，是应用型本科毕业论文（设计）的最终目的和归宿。从实施情况来看，学生能够在导师的指导下提出问题解决的办法、策略、对策，或解决生产实践中的技术问题，或在管理方面进行创新，或围绕某一问题进行方案设计，等等。总体上看，学生能够利用专业知识对所选题需要研究的问题提出新思路，研究成果具有一定创新性，在成果转化方面具有可行性。

（二）实践能力培养的效果

本科毕业论文（设计）是一门实践性很强的课程，培养学生利用专业知识进行综合实践的能力，是本科毕业论文（设计）的重要任务，也是为学生就业做准备，为学生毕业后走向社会奠定基础。从培养效果来看，主要表现在以下几个方面：

1. 在实践中选题

应用型人才培养的特点在于侧重实践教学，侧重实践能力培养。本科毕业论文（设计）本身是一门实践性很强的课程，实践能力的培养从选题开始。因此，应鼓励学生在实践中进行选题，为了更好进行选题，还需要做市场调研。从实施情况来看，在教师的指导下，大部分学生能够通过设计问卷、实施调研、在企业一线中进行实地考察，了解产业的实际状况，或通过开放式调研，了解经济社会发展需求，从而进行选题设计，从实践中选择和设计需要研究的问题。

2. 在企业中研究

由于选题的实践性，因此研究过程离不开真实的场景，应用型本科毕业论文（设计）需要学生在企业的具体场景中完成，真题真做，在企业生产线、管理、运行中通过实验、观察、操作等方式获得真实的资料和数据，按照真实的企业运行状况进行分析研究，提出可行的问题解决方案，这样的研究也才具有实用性和应用价值。从实施状况来看，多数学生在顶岗实习中，在企业导师的指导下，一边参与实习过程，一边完成本科毕业论文（设计），做到了研究与实践兼顾，数据资料真实可靠。分析论证切合企业实际，研究成果具有可参考价值。该环节重点考察对学生能力和创新意识的培养，多数学生能够综合应用所学专业知识和专业技能，对研究问题进行分析、论述，研究目标明确，内容具体，且具有一定的深度。

3. 独立完成任务

本科毕业论文（设计）是培养学生综合素质与能力的过程，需要学生在导师的指导下独立完成，教师的指导是外因，自我努力才是内因。从实施情况来看，多数学生能够在导师的指导下独立完成本科毕业论文（设计），学生有较强的创新意识，能够基于选题的研究现状，进行科学的分析与综合，提出新问题。能够熟练运用本专业设计或研究的方法、手段和工具，方法新颖、科学，有创意。分析论证正确，实施方案设计合理。分析、探讨有一定新意，有创新设计或对独到见解。但也有一些学生产生畏难情绪，"等、靠、要"的思想作怪，缺乏主动性、自觉性和积极性，有少数学生存在抄袭和变相抄袭的情况，为了达到"查重"通过的目的，胡乱修改文字，等等。这些现象影响了本科毕业论文（设计）的教学目标，也影响了对学生素质和能力的培养，教学管理中应该加强监控和杜绝类似现象的发生，鼓励、引导学生通过老师的指导独立完成本科毕业论文（设计）。

二、立德效果评价

培养良好的品德，是本科毕业论文（设计）课程思政的主要任务，也是本科毕业论文（设计）的育人主线。学生从学校走向社会，从事岗位工作，立足社会并不断发展自我，需要具备良好的思想品德和人文情怀，这正是本科毕业论文（设计）课程思政需要解决的问题。长期以来，学校往往注重的是本科毕业论文（设计）的质量本身，相对忽略了本科毕业论文（设计）课程思政育人功能，学生的思想境界并未得到明显提升，本科毕业论文（设计）育人效果不佳，这是本科毕业论文（设计）需要重点关注的方面。

（一）思想政治品质

就应用型人才而言，立德树人的根本指向是培养爱党爱国、拥护党的路线方针政策、自觉践行社会主义核心价值观、无私奉献、德才兼备的社会主义建设者和接班人。本科毕业论文（设计）是学生在学习完专业课程之后，综合运用专业知识完成学术研究、提高学生实践能力的过程，在这个过程中，学术研究是主线，学术思政是更高层次的目标，培养学生良好的思想品质具有更加重要的意义。

从应用型本科毕业论文（设计）的实施情况来看，随着学生学术研究过程逐步开展，学生的思想境界逐渐开放化，在调研、文献研究、写作、答辩等过程中，通过导师的指导，学生不仅掌握了学术研究的基本要领，而且逐渐形成了正确的思想认识，之前在思想政治课堂中学习过的一些思想、观点和理念，逐步得到内化和升华，在学术研究的实践过程中逐步产生新的认识、新的思想、新的理念。通过在企业中顶岗实习和完成本科毕业论文（设计），学生了解到生产一线的实际状况，体验到一线人员的思想状况、工作状况和生活状况，更加充分认识到了党的路线方针政策的正确性和社会主义的优越性。在资料检索、文献研究过程中，学生也能够逐步深入地产生思想的升华、精神的提升、境界的提高，充分认识到本科毕业论文（设计）的宗旨和意图，能够以主动服务经济社会发展为目标，潜心从事本科毕业论文（设计）的研究，力求创新、追求效益、体现价值，实现新的理论飞跃和技术创新，使研究成果产生较好的社会效益、经济效益、产业效益。通过完成本科毕业论文（设计），充分认识到人们所从事的一切工作都是社会主义现代化建设的重要组成部分，都应该脚踏实地，认真完成，而不应投机取巧、假公济私，在社会生活中要做到明大德、守公德、严私德，遵纪守法，服从组织，坚决抵制一切不良思想和行为，廉洁从政，克己奉公，沿着中国特色社会主义现代化建设的正确道路阔步前行。当然，在完成本科毕业论文（设计）的过程中也还存在一些不良的现象和问题，但这些现象和问题都是非主流的，是可以经过自身努力和教育可以克服的。因此，时刻保持清醒的认识，及时监控、纠正本科毕业论文（设计）实施中的一切不良现象，充分发挥本科毕业论文（设计）课程思政育人功能，是需要常抓不懈的重要任务。

（二）人文精神情怀

人文精神是一种普遍的人类自我关怀，表现为对人的尊严、价值、命运的维护、追求和关切，对人类遗留下来的各种精神文化现象的高度珍视，对一种全面发展的理想人格的肯定和塑造。从某种意义上说，人之所以是万物之灵，就在于它有人文，有自己独特的精神文化。教育的本质在于培养人文精神，就学校教育而言，每一门课程都内含着丰富的人文精神，都担负着培养学生丰富多彩的人文精神的重要使命，只是目标任务和侧重点有所不同。本科毕业论文（设计）是一门综合性很强的实践性课程，培养学生的人文精神是其题中之义和育人主线，在本科毕业论文（设计）的组织、管理、指导、评价过程中，应始终坚持对学生人文精神的培养，实现人文精神与科学精神的完美对接与深度融合。

从效果评价的角度来看，以本科毕业论文（设计）为载体，培养学生的人文精神，主要应立足以下几个方面：（1）坚持教学与教育并重。要将对本科毕业论文（设计）的指导与人格塑造结合起来，引领学生塑造高尚的人格，坚持创新引领，追求学术价值，坚持服务社会，培养学生良好的精神风尚、严谨的学风，自觉杜绝和抵制学术不良行为和现象。（2）坚持科学与人文并重。将人文精神的培养融入科学研究之中，在科学研究过程中提升自身人文境界，探索学术研究之美，考量学术创新之价值，在学术研究中开阔视野、增长见识、掌握方法、培育创新能力，独立开展学术研究，逐步塑造与提升自我价值。（3）坚持理论与实践并重。坚持学以致用，理论联系实践，坚持在实践中发现问题，在理论中寻找答案，能够透过现象看本质，抓住问题的关键和主流。在学术研究中，能够沿着前人的研究道路不断将研究推向前沿，博采众长而不人云亦云，敢于质疑而不随便否定，做到求真务实、开拓创新，以创新性成果服务生产实践与经济社会发展。

三、综合效果评价

本科毕业论文（设计）是一门综合性、实践性课程，是学生综合运用所学专业知识进行学术研究、习得学术品质、形成和提高研究能力的过程，也是培养学生综合素质、实现自我发展的过程。从评价的角度讲，通过教师的指导，学生积极参与本科毕业论文（设计）的研究与实践，对自身综合素质的提升发挥了很好的作用，认真从事本科毕业论文（设计）研究与否，对学生自我发展而言具有明显的差异性，本科毕业论文（设计）对学生成长与发展的作用不可小视。在具体实施过程中，指导教师应更加注重学生的发展，使本科毕业论文（设计）成为学生自我实现的重要渠道。

（一）学术品质培养

从本质上讲，本科毕业论文（设计）属于学术研究的范畴，提高学生运用专业知识从事学术研究的能力、培养学生良好的学术品质，是本科毕业论文（设计）的内在主线。学生在导师的指导下完成本科毕业论文（设计），不仅是凑够字数、完成任务，关键是要掌握学术研究的方法路径，培养研究能力，在选题、实验、调研、文献分析、论证、答辩等环节形成学术研究所需要的各种品质，掌握学术研究的要领，以便在今后的工作、深造过程中逐渐提高这些能力和品质，能够独立开展学术研究，具有创新的意识、动力与能力，善于在生产实践、社会生活中发现问题、分析问题和解决问题，服务生产实践和经济社会发展。

从实施情况来看，本科毕业论文（设计）在培养学生学术品质方面，总体而言取得了一些成绩，比如学生通过在导师的指导下开展研究，动手操作能力得到了提升，掌握了一定的研究方法，研究水平和研究能力与本科毕业论文（设计）实施以前有了较大幅度的提高。但是，也还存在一些问题，主要表现在：导师对学术品质培养方面的指导不足，局限于学生自我探索的层面上，学生对有些从事学术研究所应具备的基本素养尚处于萌芽阶段，没有内化为自身的综合素质和能力，教师的指导还需要加强；学生方面也存在缺乏主动性、自觉性、积极性的问题，往往是被动完成任务，更缺乏反思与提升的机会与空间，是一种"任务驱动"型的发展模式。

（二）实现自我发展

从学生成长的角度上讲，通过本科毕业论文（设计）掌握学术研究的能力、培养学术研究的品质，还是不够的，通过本科毕业论文（设计）的研究，促进学生自我发展、自我提升和自我实现，才是本科毕业论文（设计）育人的应然目标。学生应该在完成本科毕业论文（设计）的过程中不断进行反思与总结，明白在每一个环节上应该做什么、怎么做、做到什么程度和成效、培养什么能力、这些能力能否得到很好的内化，并形成自身内在的能力和素质，不断提升自我，开阔视野，增长见识，明确方向任务，取得更大的进步和发展。从导师方面讲，导师应通过对本科毕业论文（设计）的指导，促进学生各项素质与能力的进一步升华、内化，注重综合素质培养。

从实施情况上看，本科毕业论文（设计）在助力学生自我发展、提高学生综合素质方面发挥了重要作用，学生通过完成本科毕业论文（设计），无论在学术研究、增长见识、思想进步等各方面均获得了较大幅度的提高，从中受益匪浅。存在的主要问题是：导师的思想引领不够；学生对待本科毕业论文（设计）"功利化"倾向和浮躁心理比较严重；学校对本科毕业论文（设计）与专业知识的联系、与生产实践的对接、培养目标任务、采取方法手段等问题缺乏全面分析与系统设计，前后上下拓展的力度不够，本科毕业论文（设计）的系统性育人功能显得薄弱；等等。这些是本科毕业论文（设计）需要改进与提高的地方，目的在于进一步拓展育人空间，提升育人成效，服务立德树人根本任务，培养合格的应用型人才。

参考文献

一、期刊类

[1] 王荣林，范欢迎，何旭东."以学生为本"的教育理念在应用型本科毕业设计中的应用［J］. 中国科技信息，2012（22）.

[2] 袁海宽."新工科"建设下化工专业本科毕业论文（设计）教学环节的改革探索［J］. 山东化工，2019，48（17）.

[3] 李世广，唐庆峰，操海群，本科毕业论文（设计）教学改革的实践与思考［J］. 高等农业教育，2016（6）.

[4] 周丽琦，尹德涛. 本科毕业论文（设计）问卷调查分析［J］. 辽宁行政学院学报，2009，11（6）.

[5] 张永清，等. 本科毕业论文设计质量及标准研究［J］. 广东化工，2017（22）.

[6] 张爱华，王明红. 本科毕业设计（论文）的问题与改进措施探讨［J］. 高等建筑教育，2016，25（1）.

[7] 王丽娜. 本科毕业设计（论文）全过程质量监控体系［J］. 教育现代化，2017（28）.

[8] 张静，姚继涛，武福全. 本科毕业设计（论文）问卷调查分析［J］. 西安建筑科技大学学报（社会科学版），2011，30（4）.

[9] 王颖，等. 本科毕业设计（论文）写作状况及影响因素研究［J］. 大学教育，2014（12）.

[10] 王鑫，毕业设计（论文）质量问题影响因素探析——以应用型本科为例［J］. 大学教育，2019（12）.

[11] 石佶. 常州大学提高本科毕业设计（论文）管理质量的探索与实践［J］. 吉林工程技术师范学院学报，2019，35（5）.

[12] 林授锴. 地方本科院校本科生毕业论文（设计）存在的问题及对策初探

[J]. 赤峰学院学报（自然科学版），2014，30（5）.

[13] 赵丹，黄倩盈，杨学军. 高校本科毕业论文设计中师生沟通存在的问题、原因与对策［J］. 高教论坛，2018（4）.

[14] 郭煜，刘文胜. 高校本科毕业设计（论文）的现状分析和改进措施［J］. 科教导刊，2019（31）.

[15] 郭亚飞，等. 高校本科毕业设计/论文存在的问题及对策分析［J］. 教育现代化，2019（71）.

[16] 王烨，李亚宁. 工科院校本科毕业设计（论文）指导改革与实效性分析［J］. 兰州交通大学学报，2018，37（5）.

[17] 程丽华，等. 基于产学研结合的本科毕业设计的探索与实践［J］. 广州化工，2012，40（10）.

[18] 陈海银. 基于产学研结合的地方应用型高校本科毕业论文（设计）模式构建与实践［J］. 巢湖学院学报，2017，19（2）.

[19] 莫天生. 基于流程范式约束的应用型本科毕业论文（设计）质量保障机制探索——以广州工商学院为例［J］. 高教学刊，2019（22）.

[20] 何丽君. 经管类专业本科毕业设计（论文）现状调查与质量提升研究——以广东理工学院为例［J］. 对外经贸，2021（11）.

[21] 曾建辉. 论应用型本科专业毕业论文模式的创新——以广西师范大学编辑出版学专业为例［J］. 重庆第二师范学院学报，2014，27（5）.

[22] 王有良. 农业院校测绘专业本科毕业论文设计问题与分析［J］. 山东畜牧兽医，2020（4）.

[23] 陈海艳，曹玉春. 普通高校本科毕业设计（论文）的改革探索与实践［J］. 高教学刊，2018（4）.

[24] 向祖平，等. 企业专家指导本科毕业设计（论文）的质量控制机制研究——以重庆科技学院为例［J］. 重庆科技学院学报（社会科学版），2019（4）.

[25] 吴益锋，张淑敏，田夏. 上海交通大学提升本科毕业设计（论文）质量的改革与实践［J］. 实验技术与管理，2014，31（7）.

[26] 孟俊贞，王香涵，王鹏举. 双一流背景下提高本科毕业论文（设计）质量的探索［J］. 大学教育，2021（9）.

[27] 张滋田，张坚豪. 应用型本科高校毕业设计（论文）工作模式创新——基于校企协同的视角［J］. 教育教学论坛，2021（46）.

[28] 王哲. 应用型本科高校毕业设计（论文）多元化模式改革探讨［J］. 黄

山学院学报, 2018, 20 (2).

[29] 张旭东. 应用型本科高校汉语言文学专业毕业设计（论文）改革探索 [J]. 广西科技师范学院学报, 2016, 31 (5).

[30] 江诚. 应用型本科院校毕业论文（设计）存在的问题探析 [J]. 安徽工业大学学报（社会科学版）, 2014, 31 (1).

[31] 冯爱秋, 钟丽. 应用型大学本科毕业设计（论文）选题质量调研分析 [J]. 北京联合大学学报, 2021, 35 (2).

[32] 夏晶晖, 吴中军, 谢吉容. 应用型园林本科专业毕业论文（设计）的改革——以重庆文理学院园林专业为例 [J]. 西南师范大学学报（自然科学版）, 2017, 42 (11).

[33] 耿文娟, 等. 园艺专业本科毕业论文（设计）工作分析研究——以新疆农业大学为例 [J]. 教育教学论坛, 2021 (21).

[34] 王萍. 本科毕业论文教学改革：机制问题及优化路径——以政治与公共管理学院为例 [J]. 高等农业教育, 2012 (1).

[35] 许信刚, 童德文. 大学本科生毕业论文存在的问题及对策 [J]. 高等农业教育, 2011 (10).

[36] 邱水才, 张玲艳, 张锁龙. 毕业设计形式的多样性与创新能力的培养 [J]. 黑龙江教育（高教研究与评估）, 2019 (2).

[37] 马睿, 孟玉琼. 在本科生导师制基础上提高理科生本科毕业论文质量的探索实践 [J]. 教育教学论坛, 2019, 17 (4).

[38] 习近平. 坚持中国特色社会主义教育发展道路，培养德智体美劳全面发展的社会主义建设者和接班人 [N]. 人民日报, 2018-09-11 (1).

[39] 邱安琪. 培育时代新人要在增长知识见识上下功夫 [J]. 北京教育（德育）, 2019 (4).

[40] 余雪, 黄浩. 新建本科院校毕业论文质量管理体系研究 [J]. 合肥学院学报, 2019, 36 (1).

[41] 杨月元. 浅谈应用型本科毕业论文写作规范问题 [J]. 教育现代化, 2018, 12 (49).

[42] 曾桂生, 罗胜联, 童永芬, 等. 理工类本科毕业论文的质量困境与提升策略——以南昌航空大学应用化学专业为例 [J]. 大学教育科学, 2017 (6).

[43] 伍汝辉. 新建地方本科院校毕业论文文本质量调查研究 [J]. 当代教育理论与实践, 2013, 7 (11).

[44] 夏晶晖，吴中军，谢吉容. 应用型园林本科专业毕业论文（设计）的改革——以重庆文理学院园林专业为例［J］. 西南师范大学学报（自然科学版），2017，42（11）.

[45] 谢小玲.《毕业论文写作》课程思政教学实践研究［J］. 教育现代化，2019，6（96）.

[46] 徐鹏，张波，贺娟，等. 心理学本科毕业论文质量提高的对策——以课题研究育人为导向［J］. 大学教育，2022（5）.

[47] 张立翔，孙大力，徐晶. 课程思政融入美术与设计类专业本科毕业论文的教学实践探究［J］. 财富时代，2021（4）.

[48] 康立芳，朱秀琴. 文史哲本科毕业论文的价值引领功能及其实现路径［J］. 宜春学院学报，2022，44（7）.

[49] 张卓旻，李娜，李攻科. 分析化学本科毕业论文课程思政教育实践初探［J/OL］. 大学化学：1-6［2022-08-18］.

[50] 余雪，黄浩. 新建本科院校毕业论文质量管理体系研究［J］. 合肥学院学报，2019，36（1）.

[51] 王伟宾，闫岩. 课程思政、专业思政与学科思政的基本关系及融合建设路径研究［J］. 黑龙江教育（理论与实践），2022（2）.

[52] 王琪，武寿春. 应用型本科院校毕业设计（论文）质量监控的探索［J］. 江苏高教，2009（6）.

[53] 周秋生，马俊海. 构建工程型实践教学体系培养应用型高级专门人才［J］. 测绘工程，2008（2）.

[54] 任唤麟，张辉. 毕业论文格式规范解读及相关问题探讨［J］. 中国电力教育，2012（11）.

[55] 孔翠英. 查重率、指导教师与本科毕业论文质量——兼论学年论文的重要性［J］. 高等财经教育研究，2019，22（2）.

[56] 周君佐，咸春龙，李镓. 大学生学术获得感的生成机制与提升路径——基于本科毕业论文写作过程的考察［J］. 创新与创业教育，2021，12（5）.

[57] 胡英奎，等. 科技期刊编辑跟踪学术前沿的途径［J］. 编辑学报，2010，22（4）.

[58] 孙百才，吴克明. 多学科视角中的高校专业设置滞后［J］. 高等理科教育，2006，（3）.

[59] 教育部公布2021年度普通高等学校新增和撤销本科专业名单［J］. 贵州

开放大学学报，2022，30（1）.

[60] 郑晓瑛. 交叉学科的重要性及其发展［J］. 北京大学学报（哲学社会科学版），2007（3）.

[61] 朱大明. 参考文献的主要作用与学术论文的创新性评审［J］. 编辑学报，2004（2）.

[62] 叶继元. 推进哲学社会科学研究方法创新刍议［J］. 学术界，2009（2）.

[63] 罗清旭. 论大学生批判性思维的培养［J］. 清华大学教育研究，2000（4）.

[64] 黄朝阳. 加强批判性思维教育培养创新型人才［J］. 教育研究，2010，31（5）.

[65] 赵蓉英，温芳芳. 科研合作与知识交流［J］. 图书情报工作，2011，55（20）.

[66] 黄双华，等. 产学研合作教育是培养应用型本科人才的有效途径［J］. 科学学与科学技术管理，2004（4）.

[67] 陈小波，周国桥. 新时代大学生创新精神的生成及其培育［J］. 学校党建与思想教育，2022（4）.

[68] 刘学忠. 大学生创新精神与创新能力的培养路径［J］. 教育研究，2008（1）.

[69] 王鑫. 毕业设计（论文）质量问题影响因素探析——以应用型本科为例［J］. 大学教育，2019（12）.

二、专著类

[1] 陈华栋. 课程思政：从理念到实践［M］. 上海：上海交通大学出版社，2020.

[2] 孙洁，陈雪飞. 毕业论文写作与规范（第2版）［M］. 北京：高等教育出版社，2014.

[3] 劳伦斯·马奇，布伦达·麦克伊沃. The Literature Review：A Step-by-Step Guide for Students（怎样做文献综述——六步走向成功）［M］. 上海：上海教育出版社，2011.

[4] 张言彩. 文献检索与毕业论文写作（第二版）［M］. 西安：西安电子科技大学出版社，2021.

[5] 周开全. 大学生毕业论文写作指南［M］. 成都：西南交通大学出版社，2015.

[6] 陈妙云，禤胜修. 应用型大学本科毕业论文（设计）写作教程［M］. 广州：广东高等教育出版社，2018.

[7] 格里瑟姆. 本科毕业论文写作技巧（第2版）［M］. 大连：东北财经大学出版社，2018.

[8] 邢彦辰. 毕业论文写作与文献检索（第2版）［M］. 北京：北京邮电大学出版社，2013.

[9] 曹天生，等. 本科生学士学位论文写作概论［M］. 合肥：安徽人民出版社，2008.

[10] 张晓报. 美国研究型大学跨学科人才培养模式研究［M］. 长沙：湖南师范大学出版社，2018.

[11] 王育杰. 最新党政公文写作方法与规范［M］. 北京：中国广播电视出版社，2013.

[12] 葛剑雄. 通识写作［M］. 上海：上海人民出版社，2019.

[13] 郭元祥. 教育逻辑学［M］. 北京：人民教育出版社，2019.

[14] 朱迪思·朗格. 想象知识：在各学科内培养语言能力［M］. 上海：上海教育出版社，2015.

[15] 高小和. 学术论文写作（第2版）［M］. 南京：南京大学出版社，2010.

[16] 李凯源，魏启德. 应用文写作［M］. 北京：中国商业出版社，2000.

[17] 周晓虹，等. 大学教育与管理心理学［M］. 南京：南京大学出版社，1997.

[18] 徐永春，马鹏程. 河北高校应用型人才培养实证研究［M］. 石家庄：河北科学技术出版社，2015.

[19] 解恩泽. 跨学科研究思想方法［M］. 济南：山东教育出版社，1994.

[20] 阿尔伯特·爱因斯坦，利·英费尔德. 物理学上的进化［M］. 上海：上海科学技术出版社，1962.

[21] 潘艺林. 大学的精神状况——高等教育批判功能引论［M］. 成都：电子科技大学出版社，2014.

[22] 邓小平. 邓小平文选（第三卷）［M］. 北京：人民出版社，1993.

[23] 国际21世纪教育委员会报告：教育——财富蕴藏其中［M］. 北京：教育科学出版社，1996.

[24] 陈龙安. 创造性思维与教学［M］. 北京：中国轻工业出版社，1999.

三、学位论文类

[1] 薛颖. 本科师范生毕业设计（论文）实施效果研究——以 A 师范大学为例［D］. 南京：南京师范大学，2018.

[2] 毛善超. 高校本科毕业论文质量评价实证研究——以 S 大学为例［D］. 广州：华南理工大学，2013.

[3] 刘艳雨. 英语专业大学生在"本科毕业论文设计"课程中的学术情感研究［D］. 苏州：苏州大学，2019.

[4] 秦逊. 应用型本科高校毕业设计的创新研究［D］. 合肥：安徽大学，2017.

[5] 孙婳. 应用型高级专门人才成长规律研究［D］. 西安：西安工业大学，2011.

[6] 司淑梅. 应用型本科教育实践教学体系研究［D］. 长春：东北师范大学，2006.

[7] 孙其华. 创新精神培养与学校道德教育改革［D］. 南京：南京师范大学，2005.

四、讲话类

[1] 习近平. 高举中国特色社会主义伟大旗帜，为全面建设社会主义现代化国家而团结奋斗——在中国共产党第二十次全国代表大会上的报告［R］. 2022-10-16.

[2] 习近平. 在哲学社会科学工作座谈会上的讲话［N］. 人民日报，2016-05-19（2）.

后 记

应用型本科毕业论文（设计）是应用型本科高校实践教学的重要组成部分，对提升学生科研素养、提高学生工程实践能力及培养学生创新能力等各方面均具有重要意义。本科毕业论文（设计）质量水平是教育部普通高校本科教学工作水平评估、审核评估的重要指标，是衡量高校教学质量、办学水平和办学效益的重要依据之一。长期以来，应用型本科高校在本科毕业论文（设计）方面存在重视不够、管理不实、监控不到位、评价激励措施不完善等问题，不仅影响了应用型人才培养质量，而且不利于学生实践能力、学术研究能力和综合素质的培养，学生毕业走向社会后发展潜力不足，由于一些本应在本科毕业论文（设计）中掌握的能力不到位，影响了学生的自我发展。因此，加强对本科毕业论文（设计）的管理、提高本科毕业论文（设计）质量水平，培养学生综合运用专业知识发现问题、分析问题、解决问题的能力，是应用型高校改革发展的重要环节。同时，本科毕业论文（设计）具有重要的育人功能，其主线在于培养学生"求真理"的价值追求、"悟道理"的人格指向、"明事理"的人文境界。因此，以本科毕业论文（设计）为载体，培养学生从事科学研究的学术品质、适应社会的综合素质，在学生成长成人成才的过程中意义非凡，是应用型高校立德树人的重要环节。基于以上原因，本书以本科毕业论文（设计）育人问题为研究对象，全面系统地探讨了应用型本科毕业论文（设计）的育人功能、机制、路径、策略与评价，希望对本科毕业论文（设计）的教学改革提供必要借鉴，为应用型高校立德树人提供重要参考。囿于本人认识和水平，本书对有些问题的研究还存在一些缺陷和不足，对有些问题的研究也未能详尽，但愿本书能起到抛砖引玉的作用，引起理论界同仁对同类问题的浓厚兴趣与深入研究。

本书是集体智慧的结晶，得益于攀枝花学院有关领导、同事的大力支持和真诚帮助，特别是刘立新教授、唐林博士、高朝阳副教授、宜宾学院田联进教授为本书的完成付出了大量的时间和精力，提出了许多指导性意见，在此深表感谢！本书是在广泛参考理论界同仁研究成果的基础上完成的，对于参考的文献，文中尽可能一一注明，但由于时间仓促，难免有所遗漏，为此，谨志谢忱与歉意！

寇尚乾
二〇二三年一月